JN126912

2021年度版

外国人技能実習・特定技能・研修事業実施状況報告

JITCO白書

公益財団法人　国際人材協力機構

目　次

第1部　2021年度 JITCO 事業計画

第2部　2020年度外国人技能実習・特定技能・研修に対する JITCO 支援等の実施状況

第3部　JITCO の業務推進体制

第4部　我が国の技能実習制度、特定技能制度の概況
　　　　　（各種統計データより）

第1部
2021年度 JITCO 事業計画

第1部
2021年度 JITCO 事業計画

総　論

　我が国における外国人材の受入れは、2019年には技能実習生の新規入国者数が過去最多となる約19万人（対前年20.5%増）となり、また、同年4月より在留資格「特定技能」による受入れも開始されるなど着実に加速してきた。

　しかし、2020年初からの新型コロナウィルス感染症の拡大に伴い、4月には入国制限措置が講じられ、技能実習生を含む外国人の新規入国が実質的に停止されるとともに、技能実習を終えた実習生が母国へ帰ることが困難となるなど、技能実習制度等を取り巻く状況は前年までとは劇的に変化し、厳しいものとなった。

　7月から国際的な人の往来は段階的に再開されつつあったが、感染の再拡大により2021年1月には再び入国が停止され、技能実習生等の受入れをめぐる状況は先行きが不透明なものとなっている。

　当機構は1991年の設立以来、長年にわたり外国人研修・技能実習の中核的な制度推進機関の役割を担ってきた。2017年の技能実習法施行後は、技能実習制度の円滑な運営に資する総合的な支援機関として、また、2018年度末からは特定技能制度に関する支援サービスも開始し、外国人材受入れに係る制度の総合支援機関として事業活動を拡大してきた。これに併せ2020年4月には法人名称を「国際人材協力機構」に改めた。2020年度は新型コロナウィルス感染防止対策を講じつつ、制度関係者への新型コロナウィルスに関する対策・措置等の情報提供や講習・セミナー、申請書類の点検・提出・取次サービス等の事業継続に努めた。

　本年度においては、出入国制限の状況下にあっては、在留中の技能実習生等を受け入れる関係団体・企業に対し、実習生等の在留資格変更等の支援を引き続き行うとともに、入国制限措置が緩和された後は円滑な受入れが進むよう体制整備を図っていくこととする。

　これらを進めるため、ウィズコロナやDX（デジタルトランスフォーメーション）の進展といった状況を踏まえ、外国人材の受入れ制度の関係者に対し、非対面・非接触型による相談・助言や講習・人材育成事業等の各種支援サービスをより一層提供していくこととする。

　本年は機構設立30周年の節目の年でもあり、事業環境の変化に的確・迅速に対応し、原点である事業活動を通じ、日本と送出し国双方の社会・経済の発展に持続的な貢献を果たすことにより、新たな発展の出発点としたい。

各　論

Ⅰ　公益目的事業

第1章　相談・助言

1　海外の送出機関、本邦の監理団体・実習実施者、外国人材の受入れ機関・支援機関ほか関係機関への相談・助言

(1)　海外の送出機関等との相談等の実施

　　送出し国政府等と協議を実施し、技能実習、特定技能等の制度の周知を図るとともに、日本国政府と送出し国政府間の二国間取決めの動向を見極めながら新しいR/Dを締結していく。また、送出機関等からの相談に対して、制度の内容理解が促進されるよう、助言を行う。

(2)　監理団体・実習実施者等に対する相談等の実施

①　入国から帰国までの各段階における総合的な相談の実施

　　技能実習や特定技能等の制度の活用を検討している関係者や技能実習生・特定技能外国人等を受け入れている監理団体・実習実施者等に対し、ホームページにおける情報提供の充実も含め、技能実習生・特定技能外国人等を円滑に受け入れるために必要な、法令や各種手続等に関する総合的な相談支援を、本部及び地方駐在事務所において行う。

②　登録支援機関等に対する相談・助言等の実施

　　在留資格「特定技能」に関し、登録支援機関の要件や手続について、法令等に照らし相談・助言を行う。

③　訪問事業の実施

　　監理団体・実習実施者、特定技能所属機関・登録支援機関等を訪問し、技能実習生・特定技能外国人等の受入れに関する相談に応じるとともに、技能実習生・特定技能外国人等の受入れ体制・設備等についてアドバイスを行う。また、技能実習、特定技能等の制度に関する有益な情報や意見等を収集・提供する。

④　安全・衛生の確保のための支援の実施

　　技能実習生、特定技能外国人等の作業の安全及び衛生（メンタルヘルスケアを含む）を促進するため、監理団体・実習実施者等に対し、教材・リーフ

レット等の作成・配布も含め、助言・支援を行う。

2 技能実習生への相談・助言

(1) 技能実習生に対する母国語相談等の実施

技能実習生に対し、母国語で電話・メール等による相談・支援を実施する。

(2) 技能実習の継続が困難となった技能実習生に対する支援

実習実施者の倒産等により技能実習を継続することが困難になった場合に、技能実習生に対して、実習先変更や帰国に係る必要な助言等の支援を行う。

第2章　講習・人材育成

1 円滑な送出し・受入れ支援事業

(1) 送出し支援セミナー等の開催

送出し国政府の協力の下に開催する送出機関に対するセミナー等を通して、技能実習や特定技能等の制度の説明や日本語教育支援等の、送出機関への各種支援を図る。

(2) 受入れ支援セミナーの開催

① 技能実習生・特定技能外国人の受入れ関係者や受入れを検討している者等を対象に、制度に関する説明会を開催する。また、監理団体・実習実施者や特定技能所属機関等の実務担当者を対象に、実務全般に関する知識のレベルアップを目的としたセミナーを開催する。

② 監理団体・実習実施者等を対象に、監理体制の充実・強化や適正な受入れ等、ニーズに即したテーマごとの講習会を開催する。

③ 監理団体・実習実施者等を対象に、技能実習生や特定技能外国人の受入れに係る、技能実習計画認定申請の申請書類や入国・在留諸申請の申請書類等の作成支援及び留意事項の理解促進を図るため、申請書類等の書き方に関するセミナーを開催する。

④ 出入国・在留手続の申請等取次ぎの実務及び留意事項の理解促進を図るため、出入国管理の現状、関係法令及び申請取次制度に関するセミナーを開催する。

⑤ 監理団体・実習実施者等を対象に、地方駐在事務所担当地域の実情やニーズに即したセミナーを地方駐在事務所ごとに開催する。

2 法令等の周知徹底のための講習会の開催

(1) 養成講習の開催

技能実習制度の養成講習機関として、監理責任者等講習、技能実習責任者講習、技能実習指導員講習及び生活指導員講習を開催する。

(2) 講師派遣の実施

監理団体や関係機関等からの依頼に基づき講師派遣を行い、適正な技能実習生等の受入れや海外進出展開を行う企業の人材育成を支援するほか、技能実習や特定技能等の制度を広く周知する。

3 成果向上支援事業

(1) 技能向上を支援する講習会の開催

技能実習生の技能向上のため、技能実習生やその指導員を対象とした上位級受検準備講習などの各種講習会を開催する等の支援を行う。

(2) 日本語指導に関するセミナー等の開催

日本語指導の現場で役立つ実践力を養うことを目的に、講習における日本語授業の進め方や講習後の継続学習を効果的に行う方法、日本語による円滑なコミュニケーションを図る工夫等に関するセミナーを開催する。また、監理団体・実習実施者や特定技能所属機関・登録支援機関等に対し、そのニーズに合わせた講義を提供する。

さらに、日本語指導や実習現場でのコミュニケーションに関する相談に応じるとともに、ホームページサイト「JITCO 日本語教材ひろば」を通じて、国内外の日本語指導担当者等に、日本語教材・素材及び日本語指導に関する情報等を提供する。

4 技能実習生保護事業

(1) 技能実習生等に対する法令等の周知

講習の適正な実施を支援するため、監理団体等が講習期間中に行う「技能実習生の法的保護に必要な情報」等に関し、技能実習法令・入管法令・労働関係法令・不正行為への対応に精通した専門講師を派遣する等の支援を行う。

(2) 安全衛生教育の推進

危険、有害な作業に伴う労働災害等を防止し、技能実習生や特定技能外国人等が業務に従事するにあたって必要となる各種技能講習の受講機会の拡大に向けて情報提供を行うとともに、技能実習生や特定技能外国人等が業務に従事するにあたって必要となる特別教育の講師を派遣する。

(3) 技能実習生に対する母国語情報提供

① 「技能実習生の友」の配布

技能実習生等に対し、技能実習や日本の生活に関する母国語による情報提供を目的に定期刊行物「技能実習生の友」を作成し、配布するとともに、ホームページに PDF 版を掲載する。

② 母国語表記の教材の作成・提供

技能実習や日本での生活に役立つ各種教材を技能実習生や特定技能外国人向けに母国語で作成し、提供する。

第3章　調査・資料収集

1　技能実習制度等の運営実態や関連する法令等に関する協議・情報収集

(1)　海外関係機関との連携及び協議、情報の収集・提供

① 送出し国政府要人の訪問受入れ及び送出し国在京大使館との意見交換

送出し国政府要人等の訪問に積極的に応え、技能実習や特定技能等の制度について意見交換を行う。また、必要に応じ、送出し国政府要人の招聘を検討するとともに、各国の在京大使館との連携を強化する。

② 送出し国情報の収集・提供

監理団体等が、送出機関からの受入れを円滑に行えるよう支援するため、送出し国政府との連携に基づき収集した送出機関情報を監理団体等からの求めに応じて提供するとともに、技能実習生や特定技能外国人等の送出しに係る送出し国における制度等の状況について調査し、情報提供する。

③ 送出機関と監理団体等との情報交換会等の開催

送出し国事情や国際的な人の往来再開措置等について説明する会合を開催する。また、送出機関と監理団体等との情報交換等を目的とする会合を、状況に応じて開催する。

(2)　国内関係機関等との連携及び協議、情報の収集・提供

① 技能実習制度の適正化を図るため、外国人技能実習生受入れ団体中央・地方連絡協議会と適宜情報交換を行う。

② 監理団体・実習実施者等との地域情報交換会を開催し、技能実習制度等に関する情報を提供するとともに、監理団体同士等の情報交換の場を提供する。

2　技能実習や特定技能等の外国人材の受入れ制度の運営実態等に関する調査

技能実習や特定技能等の外国人材の受入れ制度の効果的な活用や適正な実施等を推進するため、制度に関する好事例等の各種情報を収集し、ホームページ等により公表する。

第4章　その他の事業

1　技能実習生及び監理団体・実習実施者への評価付与、認定支援事業

(1)　技能実習1号から技能実習2号への移行評価の実施

① 修得技能等の評価

行政による委託事業がある場合には、技能実習1号から技能実習2号への移行評価支援を行う。

② 技能実習計画の作成支援

監理団体・実習実施者が適正かつ効率的に技能実習計画を作成できるよう、移行対象職種・作業等に関する相談を中心に必要な助言を行う。

③ 技能実習移行対象職種・作業の周知

技能実習移行対象職種・作業について、ホームページ等により監理団体・実習実施者に対して周知を行う。

(2)　技能実習移行対象職種の拡大支援

技能実習移行対象職種の追加について、試験実施機関を希望する業界団体等に対し、国の「公的評価システムの認定」を受けられるよう、評価システムの組立への助言等を行い、職種拡大を支援する。また、技能実習移行対象職種・作業に係る業界団体等のニーズの把握等、情報収集に努める。

(3)　技能実習生受入れ事業の評価・認定

適切かつ効果的な技能実習の実施を図るため、監理団体等からの要望がある場合には、監理団体等の行う技能実習生受入れ事業を評価・認定する。

(4)　技能実習生の技能修得の促進

① 修得技能等の評価促進

実習実施者に対し、技能実習生の育成に有効な指導評価システムの構築を支援するとともに、技能移転が職場レベルで着実に実施されるよう必要な助言等を行う。

② 技能実習修了者に対する修了証書の交付

行政による委託事業がある場合には、所定の技能実習を履修した技能実習生に対して、技能実習修了証書を交付する。

2　技能実習生・研修生の日本語作文コンクールの表彰と支援

(1)　日本語作文コンクールの実施

技能実習生・研修生の日本語能力の向上に資するため、外国人技能実習生・研修生日本語作文コンクールを実施する。

(2)　JITCO交流大会の開催

技能実習制度等の更なる成果向上と監理団体・実習実施者等との情報共有を目的として、JITCO交流大会を開催し、関係機関等による各種講演等を実施する。今年度はJITCO設立30周年の記念式典と合わせて開催する。

3　広報啓発推進事業

(1)　各種パンフレット・ガイドブック等及び白書の出版

① 各種パンフレット・ガイドブック等

技能実習や特定技能等の制度に関する各種パンフ

レット・ガイドブック等を日本語や外国語で作成し、その普及と利用促進を図る。また、JITCOの業務内容の説明や制度の解説を掲載した総合パンフレットを配布するとともに、ホームページにPDF版を掲載する。

② JITCO白書

技能実習等の制度及び技能実習生等に係る情報、JITCOの業務状況等をとりまとめ、監理団体・実習実施者等に提供する。

(2) 総合情報誌「かけはし」の発行

技能実習生等の円滑な受入れ等に資するため、総合情報誌「かけはし」を年4回発行し、監理団体・実習実施者等に提供するとともに、ホームページにPDF版を掲載する。

(3) ホームページの管理運営及び迅速かつ広範な情報提供

① 日本語・中国語・英語に対応したホームページを運用し、監理団体・実習実施者を含む広範な対象者向けに、JITCOの役割・事業や技能実習、特定技能等の制度に関する重要な情報等を的確・迅速に発信する。

② 技能実習生の母国語による技能実習生向けポータルサイト「ウェブサイト版『技能実習生の友』」を更新・運用し、技能実習生等から問合せの多い事柄等をまとめ、技能実習生に向けて技能実習等の円滑な実施に役立つ情報を提供する。

③ JITCOホームページに対する不正なアクセスやハッキング等の脅威に備えつつ、迅速な情報提供のため、ホームページを安定的に運用する。

(4) 教材等の刊行・提供

技能実習や特定技能等の制度の解説書や入国・在留手続に必要な申請書類の記載例集、日本語教育教材、健康管理及び安全衛生に関する教材、技能実習や特定技能等の業務の実施に必要とされる用語集等を刊行し、提供する。また、IT時代における情報閲覧環境のデジタル化の進展に対応するため、各種教材等の電子化について検討を引き続き進め、逐次利用者へ提供を開始する。

ネット上で購入の申し込みや一部の決済が完了する教材販売のオンラインサイトを開設・運営する。

Ⅱ　共益事業

入国・在留関係申請書類等の点検・提出・取次ぎサービスの実施

技能実習生や特定技能外国人等の円滑な受入れを支援するため、監理団体・実習実施者、特定技能所属機関等に対し、地方出入国在留管理局への入国・在留諸申請書類の点検・取次ぎサービスを提供する。

なお、技能実習に関しては、外国人技能実習機構への技能実習計画の認定申請書類の点検・提出サービスも行う。

Ⅲ　収益事業

外国人技能実習生総合保険等の普及

技能実習生、特定技能外国人等が日常生活において負傷したり病気になったりした場合に、治療費のうち健康保険の自己負担部分を懸念することなく安心して技能実習や特定技能の業務等に専念できるようにするため、また、第三者への法律上の損害賠償及び死亡・危篤時の親族による渡航・滞在費用等の出費に備えるため、外国人技能実習生総合保険等の周知を図る。

Ⅳ　法人管理

公益財団としての管理運営業務の推進

(1) 公益財団の健全経営の推進

① 経営の健全化推進

収入の確保と経費の削減・合理化の推進、費用対効果の意識を徹底した事業の執行、事業活動の透明性・適格性の確保、事業の計画的・効率的な執行等を基本としてさらなる経営の健全化を推進する。

② 事業の効率的な執行

職員の能力発揮の推進、職場管理の徹底及び人材の有効活用等による効率的な事業の推進を図る。

③ 事務の簡素・合理化の推進

業務執行体制や各種規程等の見直し、事務の簡素化・合理化を推進する。

④ 国への要望

各種会議の場や関係機関との意見交換等を通じ、健全な事業推進に必要な技能実習制度等の改善に対する要望等を行う。

(2) 公益財団の管理運営

① 理事会・評議員会の開催

理事会・評議員会を定期的に又は必要に応じて開催し、事業計画及び予算や事業報告及び決算等について議決、承認を得る。

② 監査法人による外部監査の実施

会計の健全性と透明性を確保するため、監査法人による外部監査を実施する。

③ JITCO設立30周年記念式典等の開催

JITCOが、設立30周年を迎えることから、記念式典の開催や資料の作成等を実施する。

(3) 公益財団の事業推進体制の整備

　① 情報セキュリティ対策の推進

　　　情報セキュリティ対策について、職員への教育、技術的対策の導入等、効果的な施策を推進する。

　② JITCO 基幹業務システム等の安定稼働と機能改善の推進

　　　JITCO 基幹業務システム等の更なる安定稼働と信頼性の確保に継続して努めるとともに、機能改善を推進する。また、監理団体等における申請書類等作成の迅速処理のため、当機構が製作・提供する IT システムである JITCO 総合支援システムの利用の促進を図る。

　③ 職員研修の充実

　　　職員研修の効果的な実施及び自己啓発の奨励を通じて職員の資質の一層の向上に努める。

　④ 本部・地方駐在事務所の体制整備

　　　本部及び地方駐在事務所について、業務量等を考慮した適切な人事配置を行うとともに、来訪者が相談しやすい環境整備に努める。

(4) 賛助会員管理体制の整備

　　　JITCO の活動内容や趣旨に賛同される監理団体・実習実施者、特定技能関係者等に対して、積極的に賛助会員制度の周知と賛助会員加入推進を図るとともに、適正に入退会管理等を実施する。また、賛助会員への情報提供等を迅速に行うため、メールマガジン等による情報発信を行う。

以上

第 2 部
2020年度外国人技能実習・特定技能・研修 に対する JITCO 支援等の実施状況

第2部
2020年度外国人技能実習・特定技能・研修に対する JITCO 支援等の実施状況

Ⅰ　公益目的事業

第1章　相談・助言

1　海外の送出機関、本邦の監理団体、実習実施者、外国人材の受入れ機関・支援機関ほか関係機関への相談・助言

(1)　海外の送出機関等との相談等の実施

　2020年度は、以下の4ヶ国の送出し国政府窓口と協議を行った。世界的な新型コロナウイルスの感染拡大の影響を受け、いずれもオンライン会議システムを利用しての協議となった。協議内容は、以下のとおりである。

①　ウズベキスタン

　2020年10月、ウズベキスタン雇用・労働関係省の対外労働移住庁（AELM）とオンライン会議を行った。先方からは、出国前の事前教育、海外派遣に係る法律の改正、特定技能の送出し体制、教育訓練施設「モノセンター」内の「日本語・特定技能試験センター（仮称）」開設について説明があり、今後も両国間の連携強化に向けて当機構と協力していきたいとの意向が示された。当方からは、技能実習制度、特定技能制度の現状、新型コロナウイルス感染拡大の影響等について説明した。

ウズベキスタンとの協議の様子（10月）

②　中国

　2020年11月、商務部と関連の深い中国対外承包工程商会主催の中国対外労務合作事業発展フォーラムにオンラインで参加した。当機構からは、新型コロナウイルス感染拡大が日本の経済・労働市場に与えた影響や国際的な人の往来再開に向けた段階的措置等について説明を行った。

③　インドネシア

　2020年12月及び2021年2月の二回にわたり、インドネシア労働省との特定技能制度に関するオンライン会議を、一般財団法人日本インドネシア協会（JAPINDA）及び一般社団法人在日インドネシア経営者協会（APIJ）の協力を得て実施した。同省から、海外労働者の派遣体制やオンラインマッチングシステム（IPKOL）の改修等について説明があり、当機構からは、特定技能制度の現状や受入機関・送出機関双方の関心事項・要望等について情報提供した。今後も継続的に協議を行い両国間の認識を共有し問題解決していくことを約した。

インドネシアとの協議の様子（12月）

④　インド

　2021年3月、インド全国技能開発公社（NSDC）とオンライン会議を開催した。当機構から新型コロナウイルス感染拡大による日本の経済や労働市場への影響や入国制限の状況、特定技能制度の現状や課題等について説明し、先方からのインド事情についての説明を経て、相互に意見交換を行った。

11

第2−1表　送出国政府窓口一覧（2021年8月現在）
—R/D（討議議事録）調印状況—

国名（五十音順）	機 関 名（略称）	R/D 調印日
イ ン ド	全国技能開発公社（NSDC）	2018. 2.22
インドネシア	労働省（MOM）訓練・生産性開発総局	2010. 3. 8
ウズベキスタン	雇用・労働関係省（MEHNAT）	2012. 5.28
カンボジア	労働・職業訓練省（MLVT）	2019.11.29
スリランカ	海外雇用省（MFE）海外雇用庁（SLBFE）	2018. 5.31
タ イ	労働省　雇用局（DOE）	2020. 2. 3
中 国	国家外国専家局（専家局）	2010. 4.26
	中日研修生協力機構（中日）	2010. 3.31
ネ パ ー ル	労働雇用・社会保障省（MOLESS）	2010. 2. 2
パキスタン	教育・職業訓練省（MOFEPT）	2019. 8.28
バングラデシュ	海外居住者福利厚生・海外雇用省（MOEWOE）	2018. 3.27
フィリピン	労働・雇用省　海外雇用庁（POEA）／海外労働福祉庁（OWWA）	2011. 6. 2
ベトナム	労働・傷病兵・社会省　海外労働局（DOLAB）	2019.11.25
ペ ル ー	労働・雇用促進省（MTPE）	2010. 4.21
ミャンマー	労働・入国管理・人口省　労働局（DOL）	2013. 5.20
モンゴル	労働・社会保障省（MLSP）雇用政策推進調整局	2010. 7. 1
ラオス	労働社会福祉省（MLSW）	2018. 5.11

第2−2表　協議等実施実績一覧

時　期	対象国	内　容
2020.10.26	ウズベキスタン	雇用・労働関係省（MEHNAT）対外労働移住庁（AELM）との協議
2020.11. 4	中　　国	中国対外承包工程商会主催の中国対外労務合作事業発展フォーラムへの参加
2020.12.16	インドネシア	労働省（MOM）との協議
2021. 2.18	インドネシア	労働省（MOM）との協議
2021. 3. 8	イ　ン　ド	全国技能開発公社（NSDC）との協議

(2) 監理団体・実習実施者等に対する相談等の支援

① 入国から帰国までの各段階における総合的な相談の実施

技能実習や特定技能等の制度の活用を検討している関係者や技能実習生等を受け入れている監理団体・実習実施者、特定技能外国人を受け入れている所属機関・登録支援機関等に対し、円滑な受け入れのために必要な、法令や各種手続き等に関する相談に対応した。

第2−3表　入国から帰国までの各段階における総合的な相談件数

（単位：件）

	2018年度	2019年度	2020年度
相談件数	9,385	12,651	8,170

② 登録支援機関等に対する相談・助言等の実施

在留資格「特定技能」に関し、登録支援機関としての登録要件や登録手続等に関する相談に対応した。また、登録支援機関になろうとする者に対し、地方出入国在留管理局への登録申請書類の作成に関する相談に対応した。

③ 訪問事業の実施

監理団体及び登録支援機関（1,550機関）や実習

実施者（183機関）を訪問し、技能実習生・特定技能外国人等の受入れに関する相談に応じるとともに、技能実習生・特定技能外国人の受入れ体制・設備等についてアドバイスを行った。また、技能実習制度、特定技能等の制度に関する情報・意見等を収集・提供した。

訪問事業の活動状況（2020年度）

　監理団体等への訪問相談は、地方駐在事務所の職員が監理団体等を定期的に訪問し、技能実習制度に関する相談に対してアドバイスを実施するとともに、監理団体等にとって有益な各種情報等を提供するものであり、監理団体等とJITCOのつながりを深め、相互の信頼関係を高めることを目的として実施した。2020年度は、技能実習制度に関連した、外国人技能実習機構への提出書類に関する相談や、特定技能制度に関する相談に加え、新型コロナウイルス感染拡大に伴い、新型コロナウイルス関連に関する相談、特定活動への在留資格変更に関する相談が多くあった。JITCOでは、これまでの制度運営の知見を生かしつつ、技能実習制度及び特定技能制度の情報収集を迅速、的確に行い、受入れニーズに基づいた支援サービスを実施した。

　一方、実習実施者への訪問支援は、同じく地方駐在事務所の職員が依頼を受けて実習実施者を訪問し、状況を伺いながら、技能実習制度に係る各種法令が適正に実施されるよう必要なアドバイスを行うものとして実施した。

　加えて、技能実習生の安全衛生の確保のための支援は引き続き重要であることから、地方駐在事務所には安全衛生アドバイザーを10人、メンタルヘルスアドバイザーを5人配置し、相談体制を維持した。監理団体から依頼を受けて、実習実施者に対して、安全衛生アドバイザーを派遣して技能実習現場の安全確認を実施し、また、メンタルヘルスアドバイザーを派遣して精神的な不安を抱える実習生一人ひとりと面談しケアを行うなどの支援を実施した。

監理団体・実習実施者等から寄せられた主な相談
・新型コロナウイルス関連について
・特定活動への在留資格変更について
・賃金等の技能実習生の処遇について
・技能検定等の受検手続および試験内容について
・技能実習生の実習先変更について
・技能実習移行対象職種、作業について
・技能実習生の失踪について
・外国人技能実習機構への提出書類について
・定期監査等の監理団体の業務について
・優良な実習実施者について
・養成講習について
・特定技能制度について

---

④　安全・衛生の確保のための支援の実施

　技能実習生の作業の安全及び健康の確保やメンタルヘルスのケアを図るため、監理団体や実習実施者等に対し、助言等を行うとともに、リーフレットや無料教材を配布した。

2　技能実習生への相談・助言

(1)　技能実習生に対する母国語相談等の実施

　技能実習生に対し、母国語等で電話等による相談・支援を実施した。2020年度の相談受付件数は12件であり、その内訳は、ベトナム5件、フィリピン2件、インドネシア2件、中国1件、タイ1件、その他1件であった。

　相談に対しては、問題の改善が図られるよう、また、技能実習生の権利を確保し、保護できるよう助言を行った。

第2-4表　母国語相談件数

ベトナム	フィリピン	インドネシア	中国	その他	合計
5	2	2	1	2	12

(2) 技能実習の継続が困難となった技能実習生に対する
支援

実習実施者の倒産等により技能実習を継続するこ
とが困難になった場合に、関係者に対して、実習先変
更や帰国に係る必要な助言を行った。

第2章　講習・人材育成

1　円滑な送出し・受入れ支援事業
(1) 送出し支援セミナー等の開催
中国

2020年11月、オンラインで開催された中国対外労務
合作事業発展フォーラムにおいて、送出機関参加者に
対して、新型コロナウイルス感染拡大による日本の経
済・労働市場への影響や国際的な人の往来再開に向
けた段階的措置等について講演を行った。送出機関
は、中国10省市の会場に集まり3,400名以上が参加し
た。
(2) 受入れ支援セミナーの開催
　① 制度説明会の開催

新たに技能実習生を受け入れる監理団体・実習実
施者等を対象に技能実習制度説明会を当機構本部で
9回開催し、計106名の参加があった。

また、特定技能外国人の受入れを検討している企
業や登録支援機関等を対象に、特定技能制度に関す
る説明会を本部で4回開催し、118名の参加があっ
た。

第2－5表　技能実習制度説明会の開催状況

（単位：人）

開　催　日	開催地	参加者数
2020年6月10日	東　京　都	10
7月1日	東　京　都	8
9月2日	東　京　都	17
10月7日	東　京　都	10
11月4日	東　京　都	22
12月2日	東　京　都	14
2021年1月13日	東　京　都	9
2月3日	東　京　都	4
3月3日	東　京　都	12
合　　　　計		106

第2－6表　特定技能制度説明会の開催状況

（単位：人）

開　催　日	開催地	参加者数
2020年9月16日	東　京　都	23
11月18日	東　京　都	48
2021年1月20日	東　京　都	37
2月16日	東　京　都	10
合　　　　計		118

　② 受入れ実務セミナーの開催

監理団体・実習実施者の技能実習事業責任者・担
当者等を対象に技能実習生受入れ実務セミナー（団
体監理型コース）を全国3ヶ所で4回開催し（うち
1回はウェビナー（参加者は職場や自宅からオンラ
インで受講）併催）、138名の参加があった。企業単
独型コースの受入れ実務セミナーは新型コロナウイ
ルス感染拡大の影響を受け中止した。

第2－7表　技能実習生受入れ実務セミナーの開催状況
団体監理型コース

（単位：人）

開　催　日	開催地	参加者数
2020年7月17日	東　京　都	22
9月18日	名古屋市	29
11月17日	大　阪　市	33
2021年3月10日	東　京　都	16
	ウェビナー	38
合　　　　計		138

　③ 申請書類の作成のための講習会の開催

外国人技能実習機構へ提出する技能実習計画認定
申請書類（介護職種）の作成方法等に関する申請書
類の書き方セミナーを1回開催（本部会場のほか、
地方2ヶ所のサテライト会場へのライブ配信を実
施）し、68名の参加があった。また、在留資格「特
定技能」に係る申請書類の書き方セミナーを主要都
市で3回開催（本部会場のほか、地方11ヶ所のサテ
ライト会場へのライブ配信を実施）し、568名の参
加者があった。

第2−8表　介護職種の技能実習に係る書き方セミナー
　　　　　の開催状況

（単位：人）

開　催　日	開　催　地	参加者数
2021年3月18日	東　京　都	37
	配信（名古屋）	16
	配信（大阪）	15
合　　　計		68

第2−9表　特定技能に係る申請書類の書き方セミナー
　　　　　の開催状況

（単位：人）

開　催　日	開　催　地	対　　象	参加者数
2020年10月15日	東　京　都	特定技能	48
	配信10会場	特定技能	206
11月19日	東　京　都	特定技能	46
	配信10会場	特定技能	193
12月17日	東　京　都	特定技能	56
	配信(名古屋)	特定技能	19
合　　　計			568

④　外国人材受入れセミナーの開催

　　新規セミナーとして、外国人材を受け入れる企
業、監理団体、登録支援機関等の担当者を対象に、
申請等取次者に必要な出入国在留管理の現状、関係
法令、出入国在留管理手続の実務に関する知識を学
ぶための外国人材受入れセミナーを計2回開催（本
部会場のほか、地方3ヶ所のサテライト会場へのラ
イブ配信を実施）し、138名の参加があった。

第2−10表　外国人材受入れセミナーの開催状況

（単位：人）

開　催　日	開　催　地	参加者数
2020年12月3日	東　京　都	43
2021年2月25日	東　京　都	50
	配信（札幌）	14
	配信（仙台）	13
	配信（福岡）	18
合　　　計		138

⑤　地方駐在事務所企画セミナーの開催

　　地方駐在事務所の企画により、効果的な実習監理
を学ぶセミナー（東京29名参加）、技能実習制度説
明会（広島26名参加）、電子機器組立て知識習得セ
ミナー（富山4名参加）を実施した。

2　法令等の周知徹底のための講習会の開催
(1)　養成講習の開催

　　技能実習制度における主務大臣の告示を受けた養
成講習機関として養成講習を実施した。

　　2020年度は、監理団体向けの監理責任者等講習を関
東エリア（8都県）で計14回、実習実施者向けの技能
実習責任者講習、技能実習指導員講習、生活指導員講
習を全エリア（47都道府県）で計197回開催し、両者
合計で211回の養成講習を実施した。なお、新型コロ
ナウイルス感染症対策により、5月開催予定だった養
成講習は延期し、6月9日から実施した。

　　受講証明書交付者数は、監理責任者等講習が502名、
実習実施者向けの3つの講習が4,686名、養成講習合
計で5,188名となった。

(2)　講師派遣の実施

　　適正な技能実習生・特定技能外国人の受入れや海
外進出展開を行う企業の人材育成を支援するため、監
理団体や関係機関等に対し、48件の講師派遣を行った。

第2−11表　養成講習の開催状況

1　監理責任者等講習

（単位：人）

開　催　日	開　催　地	参加者数
2020年6月18日	東京都港区	46
6月23日	東京都港区	42
7月21日	千　葉　市	22
8月6日	高　崎　市	36
8月25日	東京都港区	29
9月25日	横　浜　市	26
10月13日	宇都宮市	18
11月5日	水　戸　市	52
11月6日	さいたま市	33
11月13日	東京都港区	42
11月27日	甲　府　市	19
12月11日	東京都港区	81
2021年2月5日	東京都港区	31
3月5日	東京都港区	43
合　　　計		520

2 技能実習責任者講習等三講習　　　　　　（単位：人）

日程	開催地	技能実習責任者講習	技能実習指導員講習	生活指導員講習
2020年6月9日	北海道中標津町	68	—	—
6月9日	仙台市	32	—	—
6月9日～11日	富山市	29	7	13
6月10日～12日	郡山市	12	4	5
6月15日	東京都港区	45	—	—
6月16日～18日	長崎市	12	3	4
6月16日～19日	東京都港区	41	43	32
6月17日～19日	京都市	23	17	14
6月22日	東京都港区	41	—	—
6月23日～25日	千葉市	22	23	14
6月24日～26日	札幌市	39	33	18
6月24日～26日	鳥取市	16	16	12
6月30日～7月2日	徳島市	21	8	9
7月1日～3日	青森市	23	3	3
7月1日～3日	鹿児島市	34	19	11
7月7日	水戸市	73	—	—
7月7日～9日	名古屋市	50	31	18
7月8日～10日	さいたま市	33	18	10
7月8日～10日	新潟市	15	17	9
7月14日～16日	熊本市	25	17	25
7月15日～17日	四日市市	27	24	10
7月15日～17日	神戸市	26	21	15
7月28日	名古屋市	23	—	—
7月28日～29日	大阪市	47	49	—
7月30日～31日	大阪市	52	—	32
7月28日～30日	福岡市	40	31	23
7月29日～31日	広島市	35	39	31
8月4日	高松市	42	—	—
8月5日	長野市	32	—	—
8月4日～7日	高崎市	33	34	20
8月6日～7日	仙台市	—	15	11
8月19日～20日	東京都港区	29	19	—
8月21日、24日	東京都港区	12	—	8
8月26日～28日	広島市	34	12	7
9月2日～4日	厚木市	25	23	13
9月2日～4日	松山市	35	38	20
9月9日～11日	岐阜市	26	18	13
9月9日～11日	岡山市	45	45	40
9月15日～17日	水戸市	30	23	22
9月16日～18日	盛岡市	8	16	19
9月16日～18日	福井市	34	29	31
9月30日	大阪市	23	—	—
10月1日～10月2日	大阪市	13	30	—
10月1日	高崎市	4	—	—
10月2日	高崎市	9	—	—
10月6日～8日	山形市	18	9	7
10月7日～9日	佐賀市	19	11	6
10月14日	岡山市	18	—	—
10月14日～16日	浜松市	15	12	13
10月14日～16日	高松市	43	34	26
10月21日～23日	金沢市	22	28	15
10月21日～23日	松江市	29	26	18
10月27日～29日	和歌山市	27	16	13
10月27日～29日	那覇市	15	6	7
10月28日～30日	宇都宮市	27	25	23
11月5日	松山市	37	—	—
11月10日～12日	秋田市	15	8	10
11月11日～13日	長野市	24	24	11
11月11日～13日	大分市	16	8	9
11月17日～19日	甲府市	20	8	1
11月18日～20日	山口市	23	13	13
11月18日～20日	高知市	14	29	2
11月25日～27日	奈良市	21	23	18
11月25日～27日	宮崎市	15	17	13
11月27日	名古屋市	12	—	—
12月8日	北海道平取町	27	—	—
12月9日	北海道平取町	24	—	—
12月9日～11日	大津市	46	37	24
2021年1月6日～8日	東京都港区	31	17	9
1月15日	名古屋市	12	—	—
1月20日	福岡市	6	—	—
1月20日～22日	倉敷市	38	32	32
2月9日～10日	名古屋市	12	12	—
2月10日	大阪市	21	—	—
2月10日	水戸市	14	—	—
2月16日～17日	今治市	64	75	—
2月18日～19日	今治市	74	—	67
2月25日	富山市	10	—	—
2月26日	富山市	10	—	—
3月2日	岡山市	38	—	—
3月2日～3日	今治市	58	28	—
3月5日	結城市	74	—	—
3月10日～12日	函館市	37	35	26
3月11日～12日	名古屋市	14	—	12

3月16日	福山市	32	—	—
3月17日〜19日	福山市	59	55	41
合　　　計		2,469	1,313	928

3　成果向上支援事業

(1) 技能向上を支援する講習会の開催

技能検定及び技能実習評価試験の上位級受検の支援として、特に実技試験の難度が高いとされる溶接、電子機器組立て、機械加工、金属プレスの4職種について、随時2・3級および専門級受検を想定した技能実習生に対する上位級受検準備講習を公共職業能力開発施設や所属企業で計7回開催し、延べ22名の参加があった。

(2) 日本語指導に関するセミナー等の開催

① 日本語指導担当者実践セミナー等の開催

ア　日本語指導担当者実践セミナー

監理団体等の日本語指導担当者の指導技術向上を支援するため、講習期間や講習後の継続学習等における実践的な日本語指導方法等を学ぶ日本語指導担当者実践セミナーを全国3ヶ所で4回開催（うち1回は、一部オンラインによる講義）し、50名の参加があった。

第2—12表　日本語指導担当者実践セミナーの開催状況

（単位：人）

回数	開催日	開催地	参加者数
第1回	2020年10月30日	東 京 都	17
第2回	11月20日	名古屋市	8
第3回	12月11日	広 島 市	11
第4回	2021年2月19日	東 京 都	14
合　　　計			50

イ　日本語指導トピック別実践セミナー

日本語指導の具体的な手法や日本語文法の指導方法等、日本語指導担当者の関心の高いテーマを取り上げた日本語指導トピック別実践セミナーを本部で4回開催し、23名の参加があった。

第2—13表　日本語指導トピック別実践セミナーの開催状況

（単位：人）

回数	開催日	開催地	参加者数
第1回	2020年9月4日	東 京 都	1
第2回	9月4日	東 京 都	2
第3回	2021年3月12日	東 京 都	9
第4回	3月12日	東 京 都	11
合　　　計			23

ウ　日本語指導オンデマンド

監理団体・実習実施者のニーズに合わせてアレンジした日本語指導に関する講義を提供する講師派遣型の日本語指導オンデマンド事業を2件実施し、16名の参加があった。

② 「JITCO 日本語教材ひろば」の活用

国内外の日本語指導担当者に広く日本語教材・素材及び日本語指導に関する情報等を提供しているウェブサイト「JITCO 日本語教材ひろば」の充実を図るとともに、各種セミナーにおいて具体的な活用方法について周知した。同サイトへのアクセス件数は90,535件であった。

③ 日本語指導に関する支援・相談

監理団体等からの日本語指導に関する個々の相談が電話やメール等で201件寄せられ、実習現場での効果的な日本語教育の支援を行うとともに、日本語教育の重要性を広く周知した。

4　技能実習生保護事業

(1) 技能実習生等に対する法令等の周知

監理団体等が実施する技能実習生の法的保護に必要な情報に関する講習への支援を行うため、入管法令や労働関係法令等に精通した専門講師441名（入管法令等226名、労働関係法令等215名）を監理団体等に派遣した。

(2) 安全衛生教育の推進

技能実習生の危険、有害な作業に伴う労働災害等を防止し、また技能等を修得するために必要となる各種技能講習や特別教育の受講機会拡大に向け、講習実施可能な教習機関の把握及びその周知等を行うとともに、技能実習生が技能等を修得するために必要となる特別教育の受講に際し、講師を派遣した（富山で2回開催、東京で1回開催）。

(3) 技能実習生に対する母国語情報提供

① 「技能実習生の友」の配布

技能実習生に対する母国語による情報提供の一環として、技能実習生向け冊子「技能実習生の友」

（中国語、インドネシア語、ベトナム語、タイ語、フィリピン語、カンボジア語、ミャンマー語、モンゴル語、英語の9言語）を年4回発行し、監理団体・実習実施者等を通じて技能実習生へ配布した（平均約68,000部／回）。また、PC・スマートフォン・タブレット端末からの閲覧にも対応したウェブサイト版「技能実習生の友」を隔月（奇数月）に更新した。

　②　母国語表記の教材の作成・提供
　　　技能実習生や特定技能外国人が日本で生活するうえで役立つ母国語表記の各種教材を作成し、提供した。

⑷　技能実習生に対する補償対策
　　日本在留中に死亡した技能実習生の遺族に弔意を表すために、死亡弔慰金を4件（5人）支給した。

第3章　調査・資料収集

1　技能実習制度等の運営実態や関連する法令等に関する協議・情報収集

⑴　海外関係機関との連携及び協議、情報の収集・提供
　①　送出し国政府要人の訪問受入れ及び送出し国在京大使館等との意見交換
　　　世界的な新型コロナウイルス感染拡大の影響を受けて、送出しを所掌する外国政府要人の来日はなかった。
　　　2020年6月、9月、11月に、インドネシア大使館と協議を行い、一般財団法人日本インドネシア協会（JAPINDA）他の参加者と、特定技能の諸課題等について意見交換を行った。
　　　2020年9月に、ウズベキスタン大使館と技能実習制度及び特定技能制度の現状について意見交換した他、海外労働者送出しに係る新しい法律等について情報収集した。
　　　2021年1月から3月にかけてベトナム大使館と複数回にわたり、特定技能制度におけるベトナム側手続の円滑化について協議を行った。
　　　2021年3月に、POLO（フィリピン海外労働事務所）大阪と協議を行った。フィリピン側から当機構に対して、POLO大阪管内のフィリピン人労働者等の状況について説明があり、当機構からは日本側の状況に関する説明を行うとともに意見交換を行い、また、今後も継続的に情報共有をしていくことを約した。
　　　その他の各国の在京大使館ともオンライン会議システム又は実地の面会を通じて、協議を実施し情報交換を行った。

　　　2020年にインド工業連盟（CII）が主催した国際市場におけるインド人労働者の流動性に関する6月のパネルディスカッションや12月のグローバル・スキル・サミットに招かれ、オンラインで日本の労働市場の動向や新型コロナウイルス感染拡大の影響、技能実習・特定技能制度等におけるインドの可能性について講演を行った。
　②　送出し国情報の収集・提供
　　　送出し国政府機関との連携や送出機関との交流を通じて収集した詳細な情報を、監理団体からの要請に応じて積極的に提供した。
　　　国際的な人の往来再開に向けた段階的措置や送出し各国の新型コロナウイルスの感染状況、社会経済の状況、帰国手続き等について、監理団体等に対してホームページや照会応答を通じて情報提供を行った。
　　　往来再開の措置や各国の感染状況等をテーマとした監理団体向けの説明会を、オンラインで配信する形式で2021年1月に名古屋にて、実地に出張して開催する形式で2021年3月に大阪にて開催した。
　　　2021年1月の在京インド大使館主催のビジネス機会セミナー（於：浜松）にオンラインにて参加し、参加した日本企業等に対して、「技能実習制度を通じた日印の人材交流について」というテーマで講演した。
　③　送出機関からの情報収集の実施
　　　フィリピン送出機関連合APLATIPと定期的なオンライン会議を行い、両国における新型コロナウイルス感染拡大の技能実習制度及び特定技能制度への影響等について情報交換し、当方からは、傘下の送出機関の運営の状況等について情報収集を行った。
　　　また、当機構から各国の送出機関に対して電話等によるヒアリングを実施して情報収集を行った。
　④　送出機関と監理団体等との情報交換会等の開催
　　　2020年度は、世界的な新型コロナウイルス感染拡大の影響を受けて、送出機関の来日等は実現できず、送出機関と監理団体等との情報交換会等の開催は行わなかった。
⑵　国内関係機関との連携及び協議、情報の収集・提供
　①　連絡協議会・監理団体等との連携及び情報交換
　　ア　中央・地方連絡協議会との連携
　　　　外国人技能実習生受入れ団体中央連絡協議会との連絡会及び地方連絡協議会の総会等に出席し、情報・意見交換等を行った。
　　イ　監理団体等との地域情報交換会
　　　　監理団体等との地域情報交換会を7回開催し、

技能実習制度等に関する情報を提供するとともに、監理団体・実習実施者同士の情報交換の場を提供した。

② 行政機関等との連携による多文化共生の推進に係る情報の収集

多文化共生に関する国や地方自治体の取組み等の情報収集を行った。

2 技能実習や特定技能等の外国人材の受入れ制度の運営実態等に関する調査

技能実習制度に関する好事例等を収集し、ホームページや総合情報誌「かけはし」等で公表した。

第4章　その他の事業

1 技能実習生及び監理団体・実習実施者への評価付与、認定支援事業

(1) 技能実習1号から技能実習2号への移行評価の実施

① 修得技能等の評価

行政機関からの委託がなかったため、本年度は実施しなかった。

② 技能実習計画の作成支援

監理団体・実習実施者に対し、技能実習計画の作成に関する助言を行った。

③ 技能実習移行対象職種・作業の範囲の周知

技能実習移行対象職種・作業の範囲等について、技能実習計画の策定を支援するため、ホームページ等で周知を行った。

(2) 技能実習移行対象職種の拡大支援

送出し国や関係者のニーズに的確に対応するため、技能実習移行対象職種への新規追加の申請を目指す機関からの相談に応じ、助言等の支援を行うことで、技能実習移行対象職種の拡大支援に取り組んだ。

また、作業の追加を希望する試験実施機関等に対し、申請準備に係る助言等の支援を行った。

(3) 技能実習生受入れ事業の評価・認定

監理団体等からの要望がなかったため、本年度は実施しなかった。

(4) 技能実習生の技能修得の促進

① 修得技能等の評価促進

技能実習の成果を確実なものにする観点から、実習実施者に対し、技能実習生のモチベーション向上に有効な指導評価システムの構築を支援するとともに、技能移転が職場レベルで着実に実施されるよう、必要な助言等を行った。また、技能修得を支援するための講習を全国6ヶ所で6回開催し104名の参加があった。

② 技能実習修了者に対する修了証書の交付

行政機関からの委託がなかったため、本年度は実施しなかった。

2 技能実習生・研修生の日本語作文コンクールの表彰と支援

(1) 日本語作文コンクールの実施

技能実習生等の日本語能力の向上に資することを目的として、日本語作文コンクールを実施し、応募総数は2,971編に上った。2020年10月に表彰式を開催し、最優秀賞（4編）、優秀賞（4編）、優良賞（20編）の表彰を行うとともに、最優秀賞受賞者による作品の朗読発表を行った。また、これらの受賞作品及び佳作に選ばれた作品（22編）を掲載した「外国人技能実習生・研修生日本語作文コンクール優秀作品集」を作成し、関係者に配布した。

日本語作文コンクール表彰式

第2－14表　第28回日本語作文コンクール入賞者一覧

★最優秀賞（4人）

氏　名	作品タイトル	国籍／職種	実習実施機関名	監理団体名
HA THANH NHAN	マスクなんかいらない	ベトナム／介護	株式会社ツクイ	鳩の家協同組合
LE THI YEN	小さな木	ベトナム／機械加工	シバタ精機株式会社	福岡素形材産業協同組合
張　巧梅	愛は国境を越えて	中国／プラスチック成形	西川ゴム工業株式会社	西日本海外業務支援協同組合
許　鶴	魅力的なルール	中国／電子機器組立て	旭電器工業株式会社	ELC事業協同組合

★優秀賞（4人）

氏　名	作品タイトル	国籍／職種	実習実施機関名	監理団体名
劉　李承川	完食	中国／介護	社会福祉法人清光会	PNJ事業協同組合
TRAN THI AI LY	看護師にエールを	ベトナム／介護	株式会社ツクイ	鳩の家協同組合
ZUN HAY MAR HNIN	綺麗な嘘	ミャンマー／そう菜製造業	伊勢丸食品株式会社	瀬戸内食品加工協同組合
ZINAMIDAR SAINBILEG	私の100人のおばあちゃん	モンゴル／介護	社会福祉法人ハイネスライフ	GTS協同組合

★優良賞（20人）

氏　名	作品タイトル	国籍／職種	実習実施機関名	監理団体名
孔　暁庆	友達ができました	中国／介護	株式会社レイクス21	PNJ事業協同組合
BATBAYAR BOLORCHIMEG	この世はねじで出来ている	モンゴル／機械検査	藤田螺子工業株式会社	九州ネット協同組合
陳　青青	夢は私のエンジン	中国／介護	株式会社レイクス21	PNJ事業協同組合
NITA YUNIAR	きれいになるということの意味	インドネシア／耕種農業	株式会社雪国まいたけ	にっぽん技術振興協同組合
NGUYEN THI LIEU	心のドア	ベトナム／機械検査	光洋技研株式会社	ユー・アイ・ケイ協同組合
王　熙燕	親心	中国／電子機器組立て	株式会社日本アシスト	協同組合企業交流センター
NGUYEN THI PHUONG	時雨	ベトナム／工業包装	株式会社大豊	愛知商工連盟協同組合
PHAM THI HUONG LY	行列の習慣	ベトナム／金属プレス加工	ダイシン工業株式会社	オール電算協同組合
TRAN THI NGOC TIEN	品質賞のMVPをもらったこと	ベトナム／電子機器組立て	栗田静電株式会社	アジア共栄事業協同組合
NGUYEN THI HOAI	意志あるところに道あり	ベトナム／機械加工	株式会社郡上螺子	ニューパワー東海協同組合
NGUYEN THI THANH TRANG	私が24歳の時	ベトナム／パン製造	株式会社スキト	経済流通サービス協同組合
BAT-OCHIR TSATSRALSAIKHAN	挨拶の力とあの笑顔	モンゴル／機械検査	株式会社日ピス岩手	九州ネット協同組合
狄　佳	夢に向かって	中国／電子機器組立て	旭電器工業株式会社	ELC事業協同組合
張　洪波	日本の温泉	中国／紙器・段ボール箱製造	有限会社ソノダ	オービーシー協同組合
肖　丽	走り続ける	中国／プラスチック成形	株式会社カヤ精密工業	静岡県日中経済協同組合
李　平	味噌汁が深い	中国／介護	社会福祉法人昌明福祉会	PNJ事業協同組合
李　簪	梅の花に思うこと	中国／家具製作	有限会社サンケイ	宮崎ウッド事業協同組合
ON THI ANH NGUYET	20歳—初桜の季節	ベトナム／紙器・段ボール箱製造	伸興荷材株式会社	GTS協同組合
LE THI MAI TRANG	努力は報われる。	ベトナム／そう菜製造業	株式会社ゆめデリカ	あおぎり協同組合
DIMAS RIZAL MAULANA HASYIM	働き方改革は何ですか？	インドネシア／機械加工	株式会社ケイ・エム・ケイ	公益社団法人アジア産業技術交流協会

(2) JITCO交流大会の開催

　2020年10月にJITCO交流大会を開催することとしていたが、新型コロナウイルス感染拡大の影響により中止した。

3　広報啓発推進事業

(1) 各種パンフレット・ガイドブック等及び白書の出版

　① 各種パンフレット・ガイドブック等

　　技能実習制度等の正しい理解と受入れ事業の適正実施の啓発に努めるため、「JITCO総合パンフレット」、ガイドブック「技能実習生の労務管理に係る各種法令の正しい理解のために」等を広く配布・周知した。

2020年度各種無料教材・パンフレット一覧

1　制度及び JITCO の概要

JITCO 総合パンフレット	外国人技能実習・研修制度及び JITCO の機能と役割について全般的に解説したもの

2　技能実習・研修の適正な実施

技能実習生の労務管理に係る各種法令の正しい理解のために	技能実習生に係る労働関係法令、労働・社会保険関係法令、労働契約等についてまとめたもの

3　健康で安全な技能実習・研修の実施

技能実習生向け　脳・心臓疾患による死亡（過労死等）防止対策チェックシート	技能実習生向けに、脳・心臓疾患による死亡（過労死等）を防止するために技能実習生が留意すべき項目をまとめたチェックリスト（注1）【中・英・イ・ベ・タ・タガ・モ・ミ・ラ・ひ】
メンタルヘルスガイドブック　こころの健康　みんなの笑顔	上記の心とからだの自己診断表を活用し、技能実習生の心の健康状態を的確に把握し、より実践的に対応するためのマニュアル（注1）【英・中・イ・ベ・フ・タ・ひ】
心とからだの自己診断表	技能実習生が現在の心とからだの状況を自己点検し、生活指導員等に伝えるためのチェックリスト（注1）【英・中・イ・ベ・タ・タガ・モ・カ・ひ】
医療機関への自己申告表・補助問診票	技能実習生が医療機関を受診する際に、窓口への申告事項や症状を医師に伝えるのに役立つ日本語対訳形式の申告表（注1）【英・中・イ・ベ・タ・タガ・モ・ラ・カ・ネ・ミ】
技能実習生受入れ企業用自主点検表〈安全・健康・生活管理〉	技能実習生の安全・健康・生活管理について実習実施機関が留意すべき項目をまとめたチェックリスト
アーク溶接作業における外国人技能実習生の労働災害防止対策（実習実施機関向け）	監理団体・実習実施機関の技能実習指導員向けにアーク溶接作業における技能実習生の労働災害を防ぐための対策を解説したマニュアル（PDF）
研削盤（グラインダ・サンダー等）作業に係る労働災害防止対策（実習実施機関向け）	監理団体・実習実施機関の技能実習指導員向けに研削盤作業（グラインダ・サンダー等）作業における技能実習生の労働災害を防ぐための対策を解説したマニュアル
技能実習生の皆様へ　溶接作業等の災害防止についてのお知らせです	溶接作業に携わる技能実習生向けに作業中の災害防止について解説したリーフレット（注1）【英・中・イ・ベ・タ・ひ】
耕種農業職種に従事する外国人技能実習生の安全と健康確保に向けて	監理団体・実習実施機関向け及び技能実習生向けに、耕種農業における技能実習生の作業の安全・健康確保に向けた対策を解説したリーフレット（注1）【英・中・イ・タガ・ベ・ラ・タ・ひ】
畜産農業職種に従事する外国人技能実習生の安全と健康確保に向けて	監理団体・実習実施機関向け及び技能実習生向けに、畜産農業における技能実習生の作業の安全・健康確保に向けた対策を解説したリーフレット（注1）【英・中・イ・タガ・ベ・タ・ひ】
金属製品製造業における外国人技能実習生の安全と健康確保に向けて	監理団体・実習実施機関向け及び技能実習生向けに、金属製品製造業における技能実習生の作業の安全・健康確保に向けた対策を解説したリーフレット（注1）【英・中・イ・フ・ベ・タ・ひ】
技能実習生が建設作業を安全に行うための第一歩	監理団体・実習実施機関向け及び技能実習生向けに、建設業における技能実習生の作業の安全・健康確保に向けた対策を解説したリーフレット（注1）【英・中・イ・フ・ベ・タ・ひ】
食品製造業に従事する技能実習生の安全・健康の確保	監理団体・実習実施機関向け及び技能実習生向けに、食品製造業における技能実習生の作業の安全・健康確保に向けた対策を解説したリーフレット（注1）【英・中・イ・フ・ベ・タ・ミ・カ・ひ】

溶接職種に従事する技能実習生の安全・健康の確保	監理団体・実習実施機関向け及び技能実習生向けに、溶接職種における技能実習生の作業の安全・健康確保に向けた対策を解説したリーフレット（注2）【英・中・イ・フ・ベ・タ・ミ・カ・ひ】
外国人技能実習生と労災保険	事業主向けに労災保険の給付内容等を解説したもの（PDF）
技能実習生のみなさんへ（労災保険解説）	技能実習生向けに労働保険の概要と受給手続について解説したもの（注1）【英・中・イ・ベ・フ】（PDF）
自転車の通行等に関するルールのちらし	自転車運行のルールを解説したちらし（注1）【英・中・イ・ベ・タ・ひ】
外国人技能実習生と労働・社会保険 Q&A	労働保険・社会保険の適用に関する基本的な事項や監理団体・実習実施機関の担当者からの主な質問についての回答をまとめたもの
新入者のための安全衛生	技能実習生向けに、日本での生活習慣に関する留意事項等をまとめた、日本語対訳式の雇入れ時の安全衛生用テキスト（注1）【イ・ベ】

4　JITCO のテキスト・教材

JITCO 教材のご案内	JITCO が販売している教材を写真入りで紹介したもの

5　送出し機関支援ガイド

送出し機関の送出しマニュアル	技能実習生の選抜、派遣前教育、出国手続、日本滞在中のケア、帰国受入れ等の送出し業務全般について、海外の送出し機関向けに、標準的な手引書としてまとめたもの（注1）【英・中】（HPからのダウンロード可）

6　JITCO 賛助会員制度

賛助会員入会のおすすめ	賛助会員の特典、年会費、申込み方法等について解説したもの

7　日本語教育支援

外国人技能実習生・研修生日本語作文コンクール優秀作品集	日本語作文コンクールで選ばれた最優秀賞、優秀賞、優良賞及び佳作作品を優秀作品集としておさめたもの

注1　各国語版も作成している場合は以下の注あり（注がないものは日本語版のみ作成）。【英】英語、【中】中国語、【イ】インドネシア語、【ベ】ベトナム語、【タ】タイ語、【フ】フィリピン語、【タガ】タガログ語、【モ】モンゴル語、【ミ】ミャンマー語、【カ】カンボジア語、【ラ】ラオス語、【ひ】日本語ひらがな
　　2　上記一覧は HP の「ガイドブック・パンフレット」コーナーに掲載

②　JITCO 白書

　当機構の各種支援等の推進状況や技能実習制度等の動向を取りまとめた「2020年度版外国人技能実習・研修事業実施状況報告（JITCO 白書）」を3,300部作成し、監理団体等へ配布した。

（平均約37,000部／回）、監理団体・実習実施者等に配布した。

(2)　総合情報誌「かけはし」の発行

　技能実習生等の円滑な受入れ等に資することを目的として、総合情報誌「かけはし」を年4回発行し

(3) ホームページの管理運営及び迅速かつ広範な情報提供

監理団体、実習実施者、登録支援機関、特定技能所属機関、送出機関、技能実習生等の制度関係者のみならず、広範な対象者に向けて、当機構の役割・事業や技能実習、特定技能等の制度に関する重要な情報を日本語・英語・中国語により提供した。

(4) 教材等の刊行・提供

新刊教材として「技能実習レベルアップシリーズ」を拡充して3職種を追加、シリーズは計4職種となった。このほか4種類の新刊書を発刊し、のべ59種の既存教材で改訂・増刷を行った。この結果、2021年3月現在で販売する教材は340種類となった。在庫管理と梱包・発送業務を外部企業に委託し、業務の効率化に努めた。

2020年度 JITCO ホームページへの項目別アクセス件数
（上位10位）

順位	項　　目	
1位	トップページ（日本語版）	1,160,197
2位	外国人技能実習制度とは	155,293
3位	賛助会員用ページ	145,282
4位	在留資格「特定技能」とは	138,752
5位	養成講習	93,367
6位	教材・テキスト販売	58,898
7位	ニュース・お知らせ	50,652
8位	技能実習制度の職種・作業について	44,043
9位	技能実習 Days	43,501
10位	本部・地方駐在事務所　所在地	43,055
	JITCO ホームページアクセス総数	3,277,386

JITCO 有料教材等一覧

1　適正かつ円滑な受入れに必要な教材集

入門解説　技能実習制度	技能実習法や技能実習法施行規則など技能実習法令の概要、技能実習生の要件、監理団体・実習実施者（企業等）の要件等について解説した、技能実習制度を理解するための基本書。
技能実習制度　運用要領	技能実習制度運用要領の一部改正（2020年4月3日改正）を盛り込んだもので、技能実習制度の運営に必要な法律・規則（法務省・厚生労働省令）等の解釈を示すとともに、用語の解説や制度運用上の留意事項を明らかにするもの。
外国人技能実習生の受入れ Q&A（第1版）	技能実習法その他の関係法令を基に、外国人技能実習制度と外国人技能実習生の受入れについて「Q&A方式」により、多岐にわたる規定を体系的に説明したもの。
外国人技能実習生の受入れ Q&A（第2版）	第1版に対し、新たに法務大臣及び厚生労働大臣より告示された「特定職種（介護、漁船漁業・養殖業及び自動車整備）」について、事業所管大臣告示基準の詳細な解説を追加したもの。
特定技能外国人受入れに関する運用要領 I	法務省が公表する「特定技能外国人受入れに関する運用要領」の「要領本体」と「支援に係る要領別冊」を印刷・製本したもの。
特定技能外国人受入れに関する運用要領 II	法務省が公表する「特定技能外国人受入れに関する運用要領」の「特定の分野に係る要領別冊」を印刷・製本したもの。

2　申請・届出に必要な「書式」・「様式」集

（第I分冊）監理団体許可関係諸申請	監理団体が監理団体の許可に関して外国人技能実習機構に提出する各種様式と記載例を掲載したもの。
（第II分冊）技能実習計画認定関係諸申請	実習実施者が技能実習計画認定に関して外国人技能実習機構に提出する各種様式と記載例を掲載したもの。
（第III分冊）外国人技能実習機構への届出、報告、記録関係様式	認定された技能実習計画に変更が生じた場合に外国人技能実習機構に提出する変更届出書、定期的な報告が求められる様式、記録として備付け・保存が義務付けられている様式などの記載例を掲載したもの。

（第Ⅳ分冊）地方出入国在留管理局への入国・在留諸申請及び諸届	監理団体が在留資格認定証明書交付申請、在留資格変更許可申請、諸届などに関して地方出入国在留管理局に提出する各種様式と記載例を掲載したもの。
申請書類の記載例集　企業単独型技能実習	実習実施者が企業単独型における技能実習生を受け入れるにあたり、その段階ごとに外国人技能実習機構または地方出入国在留管理局に提出することが求められる書類の記載例と記載上の留意点を解説した。
技能実習日誌（認定計画に係る管理簿・入国後講習実施記録付）	この「技能実習日誌」と「入国後講習実施記録」は、技能実習生に従事させた業務内容や指導の内容を日々記録するもので、「認定計画の履行状況に係る管理簿」は、技能実習の進捗状況、日本語の修得状況、生活状況等について毎月記録し、履行状況を管理するもの。
特定技能　入国・在留諸申請及び諸届記載例集	特定技能外国人受入れに関する運用要領に基づき、各種書類の記載例を示したもの。JITCO で取り扱った在留資格「特定技能」に係る点検・取次実績を参考に、記載上の注意事項や留意点を示すとともに、実務に即した分かりやすい手順や内容とした。

3　技能実習生の我が国での生活指導教材集

日本の生活案内	技能実習生が日本の生活に早く適応するために最低限知らなければならない情報、住宅の利用法、食事のエチケット、ゴミの出し方、買物の注意等の生活ルール、社会マナーを具体的に絵入りでまとめた技能実習生の必携書。日本語との対訳形式で12カ国語版（中国語、英語、ベトナム語、インドネシア語、タイ語、フィリピン語、ミャンマー語、カンボジア語、モンゴル語、ラオス語、シンハラ語、ネパール語）がある。
日本の出入国管理及び技能実習制度の概要テキスト	技能実習生の法的保護に必要な情報の講義に使用するテキスト。出入国管理行政や適法に在留するための基本知識、技能実習制度、不正行為の具体的事例や不正行為への対応などについて具体的かつ分かりやすく解説したもの。日本語との対訳形式で12カ国語版（中国語、英語、ベトナム語、インドネシア語、タイ語、フィリピン語、ミャンマー語、カンボジア語、モンゴル語、ラオス語、シンハラ語、ネパール語）がある。
労働関係法令等テキスト（第3版）	技能実習生の法的保護に必要な情報の講義に使用するテキスト。労働基準法や最低賃金法、労働安全衛生法など労働関係法をふまえて雇用契約、労働時間、最低賃金、安全衛生、労災保険などの基本知識を具体的かつ分かりやすく解説したもの。日本語との対訳形式で12カ国語版（中国語、英語、ベトナム語、インドネシア語、タイ語、フィリピン語、ミャンマー語、カンボジア語、モンゴル語、ラオス語、シンハラ語、ネパール語）がある。
漁船漁業実習の技能実習生に係る労働関係法令	漁船漁業の実習を行う技能実習生に適用される労働関係法令は、船という隔離された狭い空間・実習（作業）時間以外の拘束性・自然環境などの特殊性から、船員法の適用となる。本書は、船員法の適用を受けない場合や船員法が適用される場合の労働条件等の法令の内容を解説したもの。

4　技能実習生への日本語教育教材集

外国人技能実習生のための日本語〔生活基礎編〕〔日常生活編〕	技能実習生が地域社会で生活し、周囲の人々と日常生活における必要最小限のコミュニケーションができるようになることを目標に、基本的な項目に限定してまとめた。図やイラストを多用して、具体的で分かりやすく学習内容を示した。

外国人研修生のための日本語 (一般用語集)	ジャンルごとに約1,000語の単語を、イラスト入りでまとめた用語集。日本語との対訳形式で2カ国語版(中国語、インドネシア語)がある。
外国人技能実習生の日本語〔実習現場編〕 (技能実習生用) (指導員用) (練習問題集)	実習現場で技能実習を行いながら日本語を学習する技能実習生のためのもの。日本語だけでなく、「技能実習生の生活ルール」や「安全衛生」「地域との共生」などに必要なことも学べる。5職種の会話を掲載するとともに、巻末には日本語との8カ国語の語彙集(約640語)を収録した。
どうぞよろしく(来日前研修編) テキスト/CD	来日前に日本語の文字とコミュニケーションの基礎力を楽しくつけることができるように構成されたもの。添付CDは2ヶ国語版(中国語、インドネシア語)がある(英語版は完売のため販売終了)。
技能実習生のための日本語 はじめの力だめし(技能実習生向け)	入国前後の技能実習生の日本語の力をチェックするためのテスト形式の問題集。解答方法等を6カ国語で説明(日本語、中国語、英語、ベトナム語、インドネシア語、タイ語)。
技能実習生のための日本語はじめの力だめし(指導員向け/マニュアル・CD付)	上記「技能実習生向け」教材を効果的に活用するための指導員向けマニュアル。「聞く」問題に使用するCDが付いている。
技能実習生のための日本語運用力確認シート	技能実習生に必要な日本語運用力を面接形式で確認するもの。通訳なしで使用できるように6カ国語の説明付(中国語、英語、ベトナム語、インドネシア語、フィリピン語、タイ語)。

5 技能実習テキスト集

技能実習レベルアップシリーズ	既存の職種別研修/技能実習テキストを大幅改訂して誕生した新シリーズ。1号技能実習生ばかりでなく、2号技能実習生までの要素を網羅。さらに、3号技能実習生が現場で学ぶべき内容も加えた。「特定技能」での来日者にも対応する。 「溶接」「機械加工(普通旋盤・フライス盤)」「ハム・ソーセージ・ベーコン製造」「塗装」の4職種がある。
職種別研修/技能実習テキスト	技能実習生が指導を受ける際の具体的な作業手順や技能の要点をまとめたもの。9職種10種(日本語9種、中国語1種)がある。
復刻版トレーニングテキスト	この復刻版は、「トレーニングテキストCD版」を、本文はそのままの状態で製本したもので、技能実習生が指導を受ける際の具体的な作業手順や技能の要点をまとめたもの。19職種(日本語)がある。
トレーニングテキスト(CD版)	技能実習生が指導を受ける際の具体的な作業手順や技能の要点をまとめたもの。(「トレーニングテキスト(旧称)」は現行の「職種別研修/技能実習テキスト」に連なる同系列のテキスト)。20職種22種がある(日本語4種、中国語18種)。
外国人技能実習生のための専門用語対訳集	実務研修を行う作業現場で必要となる職種別の専門用語をまとめたもので、中国語(25職種)、インドネシア語(17職種)、ベトナム語(22職種)、フィリピン語(17職種)、ミャンマー語(10職種)、カンボジア語(8職種)、タイ語(9職種)及びモンゴル語、ラオス語、シンハラ語、ネパール語(各2種類)。職種別24職種および職種共通用2種。

※○○職種○○種とは、1職種に複数の言語(例 中国語、英語)で作成した場合、1職種2種と表記する。

6 健康と安全の確保のための教材集

外国人技能実習における健康管理のしおり	日本での生活で起こすと考えられる健康障害をどのように防止すればよいか解説したもので、日本語との対訳形式で4カ国語版(中国語、英語、インドネシア語、ベトナム語)がある。
安全衛生管理のしおり	ケガや病気に遭わず、技能実習をすすめるために必要なルール、知識について基本的な項目をまとめたもので、日本語との対訳形式で4カ国語版(中国語、英語、インドネシア語、ベトナム語)がある。

外国人技能実習生実習実施機関のための メンタルヘルスハンドブック	異国で生活する技能実習生の中にはストレスを抱えている場合もあります。JITCO メンタルヘルスアドバイザーによる相談等の実績を踏まえたメンタルヘルスについての手引書。
〔DVD〕ルールを守って安全健康	職場ルールの重要さや日本の安全文化、自分で行う健康管理やコミュニケーションの基本であるあいさつの大切さを紹介。DVD で 5 カ国語版（日本語、中国語、英語、インドネシア語、ベトナム語）がある。
〔DVD〕日本における正しい自転車の乗り方	わき見運転や歩行者無視の自転車事故の再現や正しい自転車の乗り方、交通事故時の対応などを紹介。DVD で 4 カ国語版（中国語、英語、インドネシア語、ベトナム語）がある。
〔DVD〕交通事故死は防げる－自分で守ろう自分の命	交差点での信号無視による自転車事故、夜道でのヒヤリ体験や日本の交通ルールの基本、ルール遵守のみならず、自分から注意する事柄などを紹介。DVD で 4 カ国語版（中国語、英語、インドネシア語、ベトナム語）がある。
〔DVD〕実りある研修・実習は健康管理から ～充実した研修・実習のために	先輩技能実習生の体験談（言葉や習慣の違う日本で困ったこと）や健康な体を保つためのポイントなどを紹介。DVD で 4 カ国語版（中国語、英語、インドネシア語、ベトナム語）がある。
〔DVD〕あなたはいまげんきですか？ ～「そうだんしよう」	技能実習生に特有なこころの病気（原因と症状）やメンタル不調に陥りやすい時期、相談することの大切や良き人間関係の構築、ストレス発散等の予防方法を紹介。DVD 版で 4 カ国語版（中国語、英語、インドネシア語、ベトナム語）がある。
〔DVD〕自分で守ろう！日々の健康	健康生活の原則であるバランスの良い食事のとり方、運動や散歩の楽しさ、人と積極的に話すことや相談の大切さなどを紹介。DVD 版で 4 カ国語版（中国語、英語、インドネシア語、ベトナム語）がある。
アーク溶接等作業の安全	アーク溶接機を用いて行う金属の溶接、溶断等の業務に関する基礎知識を学習するとともに、アーク溶接装置の取扱いやアーク溶接等の作業の方法について、指導者向けに特別教育用テキストとしてとりまとめたもので、日本語との対訳形式で 4 カ国語版（中国語、英語、ベトナム語、インドネシア語）がある（2017年に中央労働災害防止協会が発行した日本語版第 5 版を翻訳したもの）。
改訂グラインダ安全必携 ―研削といしの取替え・試運転関係特別教育用テキスト	グラインダ作業について、現場作業者のために機材の図や写真を多用してわかりやすく説き明かしたもので、単に研削といしの取替え又は取替え時の試運転業務の指導者向け特別教育用テキストにとどまらず、グラインダ作業の技術書としても有用。日本語との対訳形式で、中国語版のみ。（英語版、インドネシア語版は完売のため、販売終了）。
改訂粉じんによる疾病の防止 ―粉じん作業特別教育用テキスト	粉じん作業に従事する労働者が知っていなければならない最も重要なことがらを網羅し、指導者向けに特別教育用テキストとしてイラストを交えて簡潔明瞭にとりまとめたもので、日本語との対訳形式で、中国語版、英語版、インドネシア語版がある。（ベトナム語版は完売のため販売終了）。

7　その他

2020年度版　外国人技能実習・特定技能・研修事業実施状況報告　JITCO 白書	JITCO の事業実績等の年次報告として、研修・技能実習の動向や JITCO の指導・支援活動にかかる統計資料や報告について図表等を用いて取りまとめたもの。
かけはし	JITCO が年 4 回発行している会員向け総合情報誌。賛助会員には無料で配布しているが、別途、有料でも販売している。

注　上記一覧は2020年度において販売したもの。最新情報は HP の「教材・テキスト販売」コーナーに掲載。

Ⅱ　共益事業

入国・在留関係申請書類等の点検・提出・取次ぎサービスの実施

(1)　申請書類の点検

監理団体等からの依頼に基づき、技能実習計画認定申請書類の正確な作成を支援するため、9,495件・26,896人の申請書類の点検を行った。その内訳は、第1号企業単独型技能実習83件・448人、第2号企業単独型技能実習75件・499人、第3号企業単独型技能実習20件・82人、第1号団体監理型技能実習3,186件・9,220人、第2号団体監理型技能実習4,795件・14,113人、第3号団体監理型技能実習1,336件・2,534人であった。

また、技能実習生等の入国・在留関係申請書類の正確な作成を支援するため、81,016件・216,340人の申請書類の事前点検を行った。その内訳は、技能実習生・研修生については、在留資格認定証明書関係11,268件・32,052人、在留資格変更関係37,098件・98,701人、在留期間更新関係28,548件・77,488人、特定技能に係る在留資格認定証明書関係288件・703人、在留資格変更関係1,582件・3,295人、在留期間更新関係232件・551人、技能実習修了者（在留資格「特定活動」）については、在留資格認定証明書関係151件・278人、在留資格変更関係190件・337人、在留期間更新関係1,010件・2,251人、在留カードの再交付等関係が649件・684人であった。

(2)　申請書類の提出・取次ぎ

監理団体等からの依頼に基づき、外国人技能実習機構への技能実習計画認定申請を支援するため、9,495件・26,896人の申請書類の提出を行った。その内訳は、第1号企業単独型技能実習83件・448人、第2号企業単独型技能実習75件・499人、第3号企業単独型技能実習20件・82人、第1号団体監理型技能実習3,186件・9,220人、第2号団体監理型技能実習4,795件・14,113人、第3号団体監理型技能実習1,336件・2,534人であった。

また、監理団体等が行う地方入国管理局等への各種申請を支援するため、81,015件・216,339人の申請取次ぎを行った。その内訳は、技能実習生・研修生については、在留資格認定証明書関係11,268件・32,052人、在留資格変更関係37,098件・98,701人、在留期間更新関係28,548件・77,488人、特定技能に係る在留資格認定証明書関係が288件・703人、在留資格変更関係1,581件・3,294人、在留期間更新関係232件・551人、技能実習修了者（在留資格「特定活動」）について

は、在留資格認定証明書関係151件・278人、在留資格変更関係190件・337人、在留期間更新関係が1,010件・2,251人、在留カードの再交付等関係が649件・684人であった。

Ⅲ　収益事業

外国人技能実習生総合保険等の普及

技能実習生や特定技能外国人等が日常生活において負傷したり病気になった場合に、治療費のうち健康保険の自己負担部分を懸念することなく安心して技能実習等に専念できるようにするため、また、第三者への法律上の損害賠償及び死亡・危篤時の親族による渡航・滞在費用等の出費に備えるため、外国人技能実習生総合保険や特定技能外国人総合保険等の周知を図った。

外国人技能実習生総合保険等の加入状況

新型コロナウイルス感染拡大に伴う入国制限により加入者数は昨年度に比し大きく減少した。一方、特定技能外国人総合保険の加入者数は技能実習からの切り替えにより増加した。

保険加入者数の推移

（単位：人）

	2018年度	2019年度	2020年度
外国人研修生総合保険加入者数	598	534	90
外国人技能実習生総合保険加入者数	91,508	138,195	75,646
外国人技能実習修了者総合保険加入者数	2,083	2,609	886
特定技能外国人総合保険加入者数	—	791	6,049

Ⅳ　法人管理

公益財団としての管理運営業務の推進

(1)　公益財団の健全運営の推進

①　経営の健全化推進

内部監査等を通じ、各事業の効率的、効果的な運営に努め、公益法人としての経営の健全化を進めた。

②　事業の効率的な執行

職員の能力を発揮させるための方策の推進と職場管理の徹底及び人材の有効活用に努め、効率的な事業の推進を図った。

③　事務の簡素・合理化の推進

各規程類の整備を行い、事務の簡素化・合理化を進めた。

④　国への要望

　　各種会議の場や関係行政機関との意見交換等を通じ、事業の健全な推進に必要な制度に関して要望した。

⑤　法人名称変更への対応

　　2020年4月に日本語の法人名称を「国際研修協力機構」から「国際人材協力機構」に、英語の法人名称を「Japan International Training Cooperation Organization」から「Japan International Trainee & Skilled Worker Cooperation Organization」に改めた。また改称についてホームページ等を通じて周知を図った。

(2)　公益財団の管理運営

①　理事会の開催

　ア　第33回理事会

　　2020年6月8日に開催し、2019年度（平成31・令和元年度）事業報告の承認、2019年度（平成31・令和元年度）決算の承認、賛助会員規則の改正、評議員会の招集の決定について議決した。また、代表理事・業務執行理事の職務の執行の状況、賛助会員の新規会員について報告した。

　イ　第34回理事会

　　2020年6月25日に開催し、代表理事・業務執行理事の選定、定例役員報酬の役職級の決定、退職慰労金の額の決定について議決した。また、賛助会員の新規会員について報告した。

　ウ　第35回理事会

　　2021年3月24日に開催し、2021年度（令和3年度）事業計画及び予算の承認、会計処理規程の改正について議決した。また、2020年度（令和2年度）決算見込み、代表理事・業務執行理事の職務の執行の状況、賛助会員の新規会員について報告した。

②　評議員会の開催

　ア　第16回評議員会

　　2020年6月25日に開催し、2019年度（平成31・令和元年度）決算の承認、評議員の選任、役員の選任について議決した。また、2019年度（平成31・令和元年度）事業報告、2020年度（令和2年度）事業計画及び予算について報告した。

③　監査法人による外部監査の実施

　　会計の健全性と透明性を確保するため監査法人による外部監査を実施した。

④　JITCO設立30周年記念事業の検討

　　2021年のJITCO設立30周年に向け、記念事業の実施内容につき検討を行った。

(3)　公益財団の事業推進体制の整備

①　情報セキュリティ対策の推進

　　情報セキュリティ対策の一環として、全職員を対象に「個人情報保護マネジメントシステム」についての教育を実施し、個人情報保護法及びJIS規格に準拠した情報セキュリティの運用を推進した。

②　JITCO基幹業務システム等の安定稼働と機能改善の推進

　　情報システム基盤の整備として、新型コロナウイルス感染防止対応にて、遠隔会議及び遠隔セミナーの環境構築を行い、職員の通常利用を可能とした。また、JITCO基幹業務システムについて、賛助会費請求タイミングの変更やWeb画面での請求書閲覧の機能追加を行った。更に、監理団体等の業務全般を支援するJITCO総合支援システムに継続して機能拡張・改善（技能実習関係様式改訂対応、一部の特定技能関係様式の書類作成機能追加等）を行い、利用の促進を図った。

③　職員研修の実施

　　新入職員に対する研修を行い、業務把握の向上に努めた。

④　本部・地方駐在事務所の体制整備

　　本部及び地方駐在事務所について、業務量等を考慮した適切な人員配置を行うとともに、相談来訪者が利用しやすい環境を整備した。

⑤　テレワーク等の実施

　　新型コロナウイルス感染拡大に伴う緊急事態宣言の発出を受け、感染拡大の防止と来訪者、職員等の安全確保のため、一部の業務をテレワークにより実施した。

(4)　賛助会員管理体制の整備

　　2020年度末の賛助会員数は企業・個人、団体を合わせて2,251先（うち企業・個人会員367先、団体会員1,884先）、傘下の企業等は29,814先（うち企業・個人傘下の企業等60先、団体傘下の企業等29,754先）となった。また、賛助会員への連絡や情報提供等を迅速に行うため、メールマガジンの配信（定期・臨時）等での情報提供サービスを実施した。

第2―15表　賛助会員の推移

（単位：先数）

	2018年度	2019年度	2020年度
企業・個人	411	392	367
団　　　体	1,838	1,882	1,884
参考：傘下企業等	28,914	31,615	29,814
賛助会員　合　計	2,249	2,274	2,251

※2020年度傘下企業等の数には、企業・個人会員の傘下企業60先
を含む。

以上

2020年度外国人技能実習・特定技能・研修に対する JITCO 点検・提出・取次ぎに係る統計資料集

1　本統計資料は、全て外国人技能実習機構（略称 OTIT）への点検・提出、地方出入国在留管理局への点検・取次業務等により把握した JITCO の業務統計です。そのため、技能実習制度等の概況を示す全数ではありません。（技能実習制度・特定技能制度の資料については、第４部（P51～）に掲載しています。）

2　統計数字の構成比及び前年（度）比は小数第二位を四捨五入しているため、その計が合計欄の数字と一致しない場合があります。

1 JITCO における申請支援（点検・取次）の状況

(1) JITCO における入国・在留手続点検、申請取次の推移

① 入国・在留手続点検の推移

第1－1表　JITCO における国籍別入国・在留申請書類の点検の推移

（単位：人）

国　籍	申　請　種　類	2018年	2019年	2020年	前年比
ベトナム	入国（認定証明書 実習1号・研修）	26,169	30,386	16,699	−45.0%
	入国（認定証明書 実習2号）	16	81	19	−76.5%
	入国（認定証明書 実習3号）	1,207	3,417	1,047	−69.4%
	入国（認定証明書 特定）		240	334	39.2%
	期間更新（技能実習・研修・その他）	709	30,091	45,734	52.0%
	期間更新（特定）		—	363	—
	資格変更（技能実習・その他）	53,629	40,042	59,526	48.7%
	資格変更（特定）		408	1,947	377.2%
	在留カード（再交付等）	342	497	451	−9.3%
中　国	入国（認定証明書 実習1号・研修）	13,120	12,011	4,878	−59.4%
	入国（認定証明書 実習2号）	8	44	45	2.3%
	入国（認定証明書 実習3号）	521	1,300	547	−57.9%
	入国（認定証明書 特定）		149	83	−44.3%
	期間更新（技能実習・研修・その他）	438	12,742	14,788	16.1%
	期間更新（特定）		—	42	—
	資格変更（技能実習・その他）	27,541	14,744	18,085	22.7%
	資格変更（特定）		79	287	263.3%
	在留カード（再交付等）	126	123	89	−27.6%
フィリピン	入国（認定証明書 実習1号・研修）	2,945	3,924	1,472	−62.5%
	入国（認定証明書 実習2号）	2	0	1	—
	入国（認定証明書 実習3号）	212	587	236	−59.8%
	入国（認定証明書 特定）		12	43	258.3%
	期間更新（技能実習・研修・その他）	80	5,824	5,976	2.6%
	期間更新（特定）		—	48	—
	資格変更（技能実習・その他）	9,924	5,352	6,916	29.2%
	資格変更（特定）		56	554	889.3%
	在留カード（再交付等）	54	58	43	−25.9%
インドネシア	入国（認定証明書 実習1号・研修）	2,856	3,720	2,395	−35.6%
	入国（認定証明書 実習2号）	1	0	0	—
	入国（認定証明書 実習3号）	134	271	239	−11.8%
	入国（認定証明書 特定）		49	125	155.1%
	期間更新（技能実習・研修・その他）	52	2,598	4,077	56.9%
	期間更新（特定）		—	28	—
	資格変更（技能実習・その他）	4,807	3,783	4,881	29.0%
	資格変更（特定）		9	250	2677.8%
	在留カード（再交付等）	33	46	40	−13.0%
タイ	入国（認定証明書 実習1号・研修）	1,650	1,656	1,089	−34.2%
	入国（認定証明書 実習2号）	0	1	1	0.0%
	入国（認定証明書 実習3号）	50	264	206	−22.0%
	入国（認定証明書 特定）		4	80	1900.0%
	期間更新（技能実習・研修・その他）	53	1,646	2,134	29.6%
	期間更新（特定）		—	23	—
	資格変更（技能実習・その他）	2,799	1,821	2,749	51.0%
	資格変更（特定）		23	88	282.6%
	在留カード（再交付等）	14	19	20	5.3%
その他	入国（認定証明書 実習1号・研修）	3,373	4,943	3,005	−39.2%
	入国（認定証明書 実習2号）	11	2	6	200.0%
	入国（認定証明書 実習3号）	99	510	167	−67.3%
	入国（認定証明書 特定）		37	37	0.0%
	期間更新（技能実習・研修・その他）	53	3,022	4,774	58.0%
	期間更新（特定）		—	47	—
	資格変更（技能実習・その他）	5,970	4,656	6,903	48.3%
	資格変更（特定）		55	142	158.2%
	在留カード（再交付等）	42	57	41	−28.1%
合　計	入国（認定証明書 実習1号・研修）	50,113	56,640	29,538	−47.8%
	入国（認定証明書 実習2号）	38	128	72	−43.8%
	入国（認定証明書 実習3号）	2,223	6,349	2,442	−61.5%
	入国（認定証明書 特定）		491	702	43.0%
	期間更新（技能実習・研修・その他）	1,385	55,923	77,483	38.6%
	期間更新（特定）		—	551	—
	資格変更（技能実習・その他）	104,670	70,398	99,060	40.7%
	資格変更（特定）		630	3,268	418.7%
	在留カード（再交付等）	611	800	684	−14.5%
		159,040	191,359	213,800	11.7%

② 申請取次の推移

第1-2表　JITCO における入管への申請取次の推移（申請種類別）

ア　件数

（単位：件）

申　請　種　類	2018年		2019年		2020年	
	件　数	構成比	件　数	構成比	件　数	構成比
入国（認定証明書　実習1号・研修）	16,141	28.4%	18,438	27.4%	9,808	12.3%
入国（認定証明書　実習2号）	25	0.0%	77	0.1%	56	0.1%
入国（認定証明書　実習3号）	1,166	2.1%	3,413	5.1%	1,404	1.8%
入国（認定証明書　特定）			159	0.2%	287	0.4%
期間更新（技能実習・研修・その他）	486	0.9%	20,359	35.8%	28,545	35.7%
期間更新（特定）			—	—	232	0.3%
資格変更（技能実習・その他）	38,393	67.6%	23,859	35.4%	37,301	46.7%
資格変更（特定）			257	0.4%	1,567	2.0%
在留カード（再交付等）	589	1.0%	759	1.1%	649	0.8%
合　　　　　　　　　計	56,800	100.0%	67,321	100.0%	79,849	100.0%

イ　人数

（単位：人）

申　請　種　類	2018年		2019年		2020年	
	人　数	構成比	人　数	構成比	人　数	構成比
入国（認定証明書　実習1号・研修）	50,113	31.5%	56,640	29.6%	29,538	13.8%
入国（認定証明書　実習2号）	38	0.0%	128	0.1%	72	0.0%
入国（認定証明書　実習3号）	2,223	1.4%	6,349	3.3%	2,442	1.1%
入国（認定証明書　特定）			491	0.3%	702	0.3%
期間更新（技能実習・研修・その他）	1,385	0.9%	55,923	29.2%	77,483	36.2%
期間更新（特定）			—	—	551	0.3%
資格変更（技能実習・その他）	104,670	65.8%	70,398	36.8%	99,060	46.3%
資格変更（特定）			630	0.3%	3,268	1.5%
在留カード（再交付等）	611	0.4%	800	0.4%	684	0.3%
合　　　　　　　　　計	159,040	100.0%	191,359	100.0%	213,800	100.0%

第1-3表　JITCO における地方入国管理局別申請取次ぎ状況（2020年）

地方入国管理局	件数（単位：件）		人数（単位：人）	
		構　成　比		構　成　比
札　　　　　　　　幌	2,049	2.6%	6,277	2.9%
仙　　　　　　　　台	4,102	5.1%	12,438	5.8%
東　　　　　　　　京	18,372	23.0%	49,226	23.0%
東　京　局　横　浜　支　局	2,571	3.2%	6,768	3.2%
水　　　　　　　　戸	781	1.0%	1,558	0.7%
長　　　　　　　　野	842	1.1%	2,365	1.1%
名　　　古　　　屋	18,692	23.4%	49,510	23.2%
名　古　屋　局　富　山　出　張　所	558	0.7%	1,749	0.8%
大　　　　　　　　阪	8,493	10.6%	21,899	10.2%
大　阪　局　神　戸　支　局	3,113	3.9%	8,245	3.9%
広　　　　　　　　島	7,990	10.0%	23,169	10.8%
高　　　　　　　　松	2,347	2.9%	5,980	2.8%
高　松　局　松　山　出　張　所	1,452	1.8%	3,917	1.8%
福　　　　　　　　岡	8,487	10.6%	20,699	9.7%
合　　　　　　　　　計	79,849	100.0%	213,800	100.0%

(2) JITCO における計画認定申請、申請提出の状況

① 国籍別

第1－4表　JITCO における国籍別計画認定申請書類の点検の状況

(単位：人)

国　籍	申　請　種　類	2020年度
ベトナム	第1号企業単独型	157
	第1号団体監理型	4,898
	第2号企業単独型	185
	第2号団体監理型	8,047
	第3号企業単独型	9
	第3号団体監理型	1,333
中　国	第1号企業単独型	18
	第1号団体監理型	1,839
	第2号企業単独型	26
	第2号団体監理型	2,674
	第3号企業単独型	0
	第3号団体監理型	550
フィリピン	第1号企業単独型	65
	第1号団体監理型	412
	第2号企業単独型	120
	第2号団体監理型	858
	第3号企業単独型	68
	第3号団体監理型	276
インドネシア	第1号企業単独型	136
	第1号団体監理型	574
	第2号企業単独型	141
	第2号団体監理型	664
	第3号企業単独型	2
	第3号団体監理型	54
カンボジア	第1号企業単独型	0
	第1号団体監理型	356
	第2号企業単独型	6
	第2号団体監理型	523
	第3号企業単独型	0
	第3号団体監理型	95
そ の 他	第1号企業単独型	72
	第1号団体監理型	1,138
	第2号企業単独型	21
	第2号団体監理型	1,347
	第3号企業単独型	3
	第3号団体監理型	226
合　計	第1号企業単独型	448
	第1号団体監理型	9,217
	第2号企業単独型	499
	第2号団体監理型	14,113
	第3号企業単独型	82
	第3号団体監理型	2,534
		26,893

② 申請種類別

第1－5表　JITCO における OTIT への申請提出の状況（申請種類別）

ア　件数

(単位：件)

申　請　種　類	2020年度	
	件　数	構成比
第1号企業単独型	83	0.9%
第1号団体監理型	3,185	33.5%
第2号企業単独型	75	0.8%
第2号団体監理型	4,795	50.5%
第3号企業単独型	20	0.2%
第3号団体監理型	1,336	14.1%
合　計	9,494	100.0%

イ　人数

(単位：人)

申　請　種　類	2020年度	
	人　数	構成比
第1号企業単独型	448	1.7%
第1号団体監理型	9,217	34.3%
第2号企業単独型	499	1.9%
第2号団体監理型	14,113	52.5%
第3号企業単独型	82	0.3%
第3号団体監理型	2,534	9.4%
合　計	26,893	100.0%

③ OTIT 地方事務所・支所別

第1－6表　JITCO における OTIT 地方事務所・支所別申請提出状況（2020年度）

OTIT 地方事務所	件数（単位：件）		人数（単位：人）	
		構　成　比		構　成　比
札　　　　幌	206	2.2%	530	2.0%
仙　　　　台	434	4.6%	1,400	5.2%
水　　　　戸	338	3.6%	595	2.2%
東　　　　京	1,775	18.7%	5,401	20.1%
長　　　　野	286	3.0%	804	3.0%
名　古　屋	2,031	21.4%	5,933	22.1%
富　　　　山	491	5.2%	1,134	4.2%
大　　　　阪	1,799	18.9%	5,226	19.4%
広　　　　島	915	9.6%	2,614	9.7%
高　　　　松	257	2.7%	681	2.5%
松　　　　山	210	2.2%	630	2.3%
福　　　　岡	541	5.7%	1,395	5.2%
熊　　　　本	211	2.2%	550	2.0%
合　　　　計	9,494	100.0%	26,893	100.0%

2 JITCO入国支援外国人技能実習生・研修生の推移

① 国籍・地域別・在留資格別

第1−7表 国籍・地域別・在留資格別JITCO支援外国人技能実習生（1号）・研修生の推移

ア 合計（在留資格「技能実習1号イ」、「技能実習1号ロ」、「研修」）

（単位：人）

国籍・地域	2018年	2019年		2020年	
				構　成　比	前　年　比
ベ ト ナ ム	26,169	30,386	16,699	56.5%	−45.0%
中　　　　　国	13,120	12,011	4,878	16.5%	−59.4%
イ ン ド ネ シ ア	2,856	3,720	2,395	8.1%	−35.6%
ミ ャ ン マ ー	1,383	2,451	1,628	5.5%	−33.6%
フ ィ リ ピ ン	2,945	3,924	1,472	5.0%	−62.5%
タ　　　　　イ	1,650	1,656	1,089	3.7%	−34.2%
カ ン ボ ジ ア	1,466	1,841	968	3.3%	−47.4%
モ ン ゴ ル	187	272	191	0.6%	−29.8%
ネ パ ー ル	64	113	86	0.3%	−23.9%
イ ン ド	70	83	33	0.1%	−60.2%
そ の 他	203	183	99	0.3%	−45.9%
合　　　　　計	50,113	56,640	29,538	100.0%	−47.8%

イ 企業単独型（在留資格「技能実習1号イ」）

（単位：人）

国籍・地域	2020年
ベ ト ナ ム	174
イ ン ド ネ シ ア	127
フ ィ リ ピ ン	113
中　　　　　国	98
タ　　　　　イ	77
パ キ ス タ ン	10
ミ ャ ン マ ー	10
ス リ ラ ン カ	6
ネ パ ー ル	4
カ ン ボ ジ ア	3
そ の 他	5
合　　　　　計	627

ウ 団体監理型（在留資格「技能実習1号ロ」）

（単位：人）

国籍・地域	2020年
ベ ト ナ ム	16,525
中　　　　　国	4,780
イ ン ド ネ シ ア	2,267
ミ ャ ン マ ー	1,618
フ ィ リ ピ ン	1,359
タ　　　　　イ	1,012
カ ン ボ ジ ア	965
モ ン ゴ ル	191
ネ パ ー ル	82
ラ オ ス	31
そ の 他	76
合　　　　　計	28,906

エ 研修

（単位：人）

国籍・地域	2020年
パ キ ス タ ン	4
イ ン ド ネ シ ア	1
合　　　　　計	5

② 受入れ形態別

第1—8表　受入れ形態別 JITCO 支援外国人技能実習生（1号）・研修生の推移

（単位：人）

受　入　れ　形　態	2018年	2019年	2020年	
				構成比
企　業　単　独　型 （在留資格「技能実習1号イ」）	1,881	1,953	627	2.1%
団　体　監　理　型 （在留資格「技能実習1号ロ」）	47,912	54,503	28,906	97.9%
研　　　　　　　　　　修	320	184	5	0.0%
合　　　　　　　　　　計	50,113	56,640	29,538	100.0%

③ 年齢別・性別・在留資格別

第1—9表　年齢別・性別・在留資格別 JITCO 支援外国人技能実習生（1号）・研修生の状況（2020年）

（単位：人）

年齢・性別		合　計	技能実習1号イ	技能実習1号ロ	研修
20 歳 未 満	男	2,687	23	2,664	0
	女	3,934	8	3,926	0
	小　計	6,621	31	6,590	0
20 ～ 24 歳	男	6,470	93	6,376	1
	女	4,792	74	4,718	0
	小　計	11,262	167	11,094	1
25 ～ 29 歳	男	3,143	99	3,044	0
	女	2,529	71	2,458	0
	小　計	5,672	170	5,502	0
30 ～ 34 歳	男	1,750	82	1,666	2
	女	1,649	48	1,601	0
	小　計	3,399	130	3,267	2
35 ～ 39 歳	男	575	49	525	1
	女	882	29	853	0
	小　計	1,457	78	1,378	1
40 ～ 44 歳	男	139	14	124	1
	女	637	15	622	0
	小　計	776	29	746	1
45 ～ 49 歳	男	28	6	22	0
	女	280	4	276	0
	小　計	308	10	298	0
50 歳 以 上	男	13	10	3	0
	女	23	2	21	0
	小　計	36	12	24	0
不　　　明	男	5	0	5	0
	女	2	0	2	0
	小　計	7	0	7	0
男　性　合　計		14,810	376	14,429	5
女　性　合　計		14,728	251	14,477	0
合　　　　　計		29,538	627	28,906	5

④ 団体監理型受入れの団体別

第1―10表　団体監理型受入れの団体別 JITCO 支援外国人技能実習生（1号ロ）の推移

団体種別	2018年	2019年	2020年 人数（単位：人）	団体数（単位：団体）
協　同　組　合　等	45,267	51,837	27,087	836
公益社団法人・公益財団法人	793	841	374	8
農　協　・　農　業　法　人	751	575	483	27
商　　工　　会	538	473	266	18
商　工　会　議　所	371	217	267	7
職　業　訓　練　法　人	151	172	133	5
そ　の　他　団　体	41	57	296	15
合　　　　　　計	47,912	54,172	28,906	916

注1　漁業協同組合の数値は協同組合等に含む。
　2　公益社団法人・公益財団法人には一般社団法人・一般財団法人を含む。

⑤ 産業・業種別

第1―11表　産業・業種別 JITCO 支援外国人技能実習生（1号）・研修生の状況（2020年）

ア　合計（在留資格「技能実習1号イ」、「技能実習1号ロ」、「研修」）

産　業　・　業　種	人　数（単位：人）	構成比	企業数（単位：社）	構成比
食料品製造業	6,350	21.5%	977	11.7%
職別工事業（設備工事業を除く）	3,595	12.2%	1,474	17.7%
衣服・その他の繊維製品製造業	2,162	7.3%	652	7.8%
農業	2,781	9.4%	1,297	15.6%
輸送用機械器具製造業	1,665	5.6%	322	3.9%
金属製品製造業	1,423	4.8%	481	5.8%
プラスチック製品製造業（別掲を除く）	1,465	5.0%	321	3.8%
総合工事業	1,895	6.4%	722	8.7%
一般機械器具製造業	638	2.2%	166	2.0%
電気機械器具製造業	646	2.2%	93	1.1%
その他	6,918	23.4%	1,833	22.0%
合　　　　　計	29,538	100.0%	8,338	100.0%

注　企業数は実数ベースのため、申請ごとの企業数の合算値とは異なる。

イ　企業単独型（「技能実習1号イ」）

産　業　・　業　種	人　数（単位：人）	構成比	企業数（単位：社）	構成比
輸送用機械器具製造業	236	37.6%	12	15.4%
運輸に附帯するサービス業	19	3.0%	1	1.3%
金属製品製造業	9	1.4%	9	11.5%
精密機械器具製造業	10	1.6%	3	3.8%
ゴム製品製造業	23	3.7%	2	2.6%
食料品製造業	48	7.7%	5	6.4%
電気機械器具製造業	35	5.6%	4	5.1%
衣服・その他の繊維製品製造業	20	3.2%	6	7.7%
一般機械器具製造業	83	13.2%	7	9.0%
プラスチック製品製造業（別掲を除く）	38	6.1%	8	10.3%
その他	106	16.9%	21	26.9%
合　　　　　　計	627	100.0%	78	100.0%

第1—11表　産業・業種別JITCO支援外国人技能実習生（1号）・研修生の状況（2020年）（続）

ウ　団体監理型（「技能実習1号ロ」）

産　業　・　業　種	人　数（単位：人）	構成比	企業数（単位：社）	構成比
食料品製造業	6,302	21.8%	972	11.8%
職別工事業（設備工事業を除く）	3,586	12.4%	1,471	17.8%
衣服・その他の繊維製品製造業	2,142	7.4%	646	7.8%
農業	2,780	9.6%	1,296	15.7%
金属製品製造業	1,383	4.8%	472	5.7%
輸送用機械器具製造業	1,425	4.9%	309	3.7%
プラスチック製品製造業（別掲を除く）	1,427	4.9%	313	3.8%
総合工事業	1,895	6.6%	722	8.7%
一般機械器具製造業	555	1.9%	159	1.9%
電気機械器具製造業	611	2.1%	89	1.1%
その他	6,800	23.5%	1,809	21.9%
合　　　計	28,906	100.0%	8,258	100.0%

エ　研修

産　業　・　業　種	人　数（単位：人）	構成比	企業数（単位：社）	構成比
精密機械器具製造業	0	0.0%	0	0.0%
輸送用機械器具製造業	4	80.0%	1	50.0%
政治・経済・文化団体	0	0.0%	0	0.0%
一般機械器具製造業	0	0.0%	0	0.0%
電気機械器具製造業	0	0.0%	0	0.0%
金属製品製造業	0	0.0%	0	0.0%
学校教育	0	0.0%	0	0.0%
情報サービス業	0	0.0%	0	0.0%
ゴム製品製造業	0	0.0%	0	0.0%
インターネット附随サービス業	0	0.0%	0	0.0%
その他	1	20.0%	1	50.0%
合　　　計	5	100.0%	2	100.0%

⑥　資本金規模別

第1—12表　資本金規模別JITCO支援外国人技能実習生（1号）・研修生の状況（2020年）

㋐　資本金規模別　JITCO支援外国人技能実習生（1号）・研修生の人数

（単位：人）

資　本　金	合　　計		技能実習1号イ		技能実習1号ロ		研　　修	
	人　数	構成比	人　数	構成比	人　数	構成比	人　数	構成比
300 万 円 未 満	3,921	13.3%	3	0.5%	3,917	13.6%	1	20.0%
300万～500万円未満	3,296	11.2%	3	0.5%	3,293	11.4%	0	0.0%
500万～1000万円未満	2,539	8.6%	0	0.0%	2,539	8.8%	0	0.0%
1000万～3000万円未満	8,252	27.9%	78	12.4%	8,174	28.3%	0	0.0%
3000万～1億円未満	6,925	23.4%	117	18.7%	6,808	23.6%	0	0.0%
1億～10億円未満	2,471	8.4%	65	10.4%	2,406	8.3%	0	0.0%
10 億 円 以 上	2,134	7.2%	361	57.6%	1,769	6.1%	4	80.0%
不　　　　　明	0	0.0%	0	0.0%	0	0.0%	0	0.0%
合　　　計	29,538	100.0%	627	100.0%	28,906	100.0%	5	100.0%

第1—12表　資本金規模別 JITCO 支援外国人技能実習生（1号）・研修生の状況（2020年）（続）

(イ)　資本金規模別　企業数

(単位：社)

資　本　金	合　　計（注）		技能実習1号イ		技能実習1号ロ		研　修	
	企業数	構成比	企業数	構成比	企業数	構成比	企業数	構成比
300 万 円 未 満	1,873	22.5%	0	0.0%	1,872	22.7%	1	50.0%
300 万〜500 万円未満	1,315	15.8%	1	1.3%	1,314	15.9%	0	0.0%
500 万〜1000 万円未満	1,022	12.3%	0	0.0%	1,022	12.4%	0	0.0%
1000 万〜3000 万円未満	2,472	29.6%	19	24.4%	2,453	29.7%	0	0.0%
3000 万〜1 億円未満	1,295	15.5%	26	33.3%	1,269	15.4%	0	0.0%
1 億 〜 10 億 円 未 満	247	3.0%	11	14.1%	236	2.9%	0	0.0%
10 億 円 以 上	114	1.4%	21	26.9%	92	1.1%	1	50.0%
不　　　　　　明	0	0.0%	0	0.0%	0	0.0%	0	0.0%
合　　　　　　計	8,338	100.0%	78	100.0%	8,258	100.0%	2	100.0%

注　企業数は実数ベースのため、技能実習1号イ、技能実習1号ロ、研修の合算値とは異なる。

⑦　従業員規模別

第1—13表　従業員規模別 JITCO 支援外国人技能実習生（1号）・研修生の状況（2020年）

(ア)　従業員規模別　JITCO 支援外国人技能実習生（1号）・研修生の人数

(単位：人)

従業員規模	合　　計		技能実習1号イ		技能実習1号ロ		研　修	
	人　数	構成比	人　数	構成比	人　数	構成比	人　数	構成比
1 〜 19 人	10,296	34.9%	13	2.1%	10,282	35.6%	1	20.0%
20 〜 49 人	3,860	13.1%	13	2.1%	3,847	13.3%	0	0.0%
50 〜 99 人	3,543	12.0%	48	7.7%	3,495	12.1%	0	0.0%
100 〜 199 人	3,519	11.9%	80	12.8%	3,439	11.9%	0	0.0%
200 〜 299 人	1,707	5.8%	43	6.9%	1,664	5.8%	0	0.0%
300 〜 999 人	3,126	10.6%	151	24.1%	2,975	10.3%	0	0.0%
1000 人 以 上	3,476	11.8%	279	44.5%	3,193	11.0%	4	80.0%
不　　　　　　明	11	0.0%	0	0.0%	11	0.0%	0	0.0%
合　　　　　　計	29,538	100.0%	627	100.0%	28,906	100.0%	5	100.0%

(イ)　従業員規模別　企業数

(単位：社)

従業員規模	合　　計（注）		技能実習1号イ		技能実習1号ロ		研　修	
	企業数	構成比	企業数	構成比	企業数	構成比	企業数	構成比
1 〜 19 人	6,895	82.7%	4	5.1%	6,890	83.4%	1	50.0%
20 〜 49 人	772	9.3%	6	7.7%	766	9.3%	0	0.0%
50 〜 99 人	171	2.1%	16	20.5%	155	1.9%	0	0.0%
100 〜 199 人	231	2.8%	16	20.5%	215	2.6%	0	0.0%
200 〜 299 人	57	0.7%	6	7.7%	51	0.6%	0	0.0%
300 〜 999 人	178	2.1%	15	19.2%	163	2.0%	0	0.0%
1000 人 以 上	34	0.4%	15	19.2%	18	0.2%	1	50.0%
不　　　　　　明	0	0.0%	0	0.0%	0	0.0%	0	0.0%
合　　　　　　計	8,338	100.0%	78	100.0%	8,258	100.0%	2	100.0%

注　企業数は実数ベースのため、技能実習1号イ、技能実習1号ロ、研修の合算値とは異なる。

⑧ 業種別 JITCO支援外国人技能実習生の状況

第1-14表 業種別 JITCO支援外国人技能実習生の状況（2020年度）

（単位：人）

業　種	企業単独型　計		団体監理型　計		合　計	
	人数	構成比	人数	構成比	人数	構成比
農　　　　　業	0	0.0%	1,745	6.7%	1,745	6.5%
漁　　　　　業	0	0.0%	47	0.2%	47	0.2%
建　　　　　設	50	4.9%	3,450	13.3%	3,500	13.0%
食　料　品　製　造	29	2.8%	4,362	16.9%	4,391	16.3%
繊　維　・　衣　服	60	5.8%	3,225	12.5%	3,285	12.2%
機　械　・　金　属	649	63.1%	4,516	17.5%	5,165	19.2%
そ　　の　　他	241	23.4%	8,519	32.9%	8,760	32.6%
計	1,029	100.0%	25,864	100.0%	26,893	100.0%

⑨ JITCO支援外国人技能実習生（1号）の支給予定賃金の状況

第1-15表 JITCO支援外国人技能実習生（1号）の支給予定賃金の状況（2020年度）

（単位：人）

支　給　額	合　計	構成比	技能実習1号イ	構成比	技能実習1号ロ	構成比	技能実習2号イ	構成比	技能実習2号ロ	構成比	技能実習3号イ	構成比	技能実習3号ロ	構成比
10　万　円　未　満	12	0.0%	0	0.0%	9	0.1%	0	0.0%	1	0.0%	0	0.0%	2	0.1%
10万～11万円未満	5	0.0%	0	0.0%	0	0.0%	0	0.0%	5	0.0%	0	0.0%	0	0.0%
11万～12万円未満	16	0.1%	0	0.0%	10	0.1%	2	0.4%	4	0.0%	0	0.0%	0	0.0%
12万～13万円未満	267	1.0%	1	0.2%	106	1.2%	0	0.0%	136	1.0%	0	0.0%	24	0.9%
13万～14万円未満	3,352	12.5%	106	23.7%	1,239	13.4%	77	15.4%	1,745	12.4%	11	13.4%	174	6.9%
14万～15万円未満	8,163	30.4%	68	15.2%	3,082	33.4%	44	8.8%	4,458	31.6%	16	19.5%	495	19.5%
15　万　円　以　上	15,071	56.0%	273	60.9%	4,771	51.8%	376	75.4%	7,759	55.0%	55	67.1%	1,837	72.5%
不　　　　　明	7	0.0%	0	0.0%	0	0.0%	0	0.0%	5	0.0%	0	0.0%	2	0.1%
合　　　　　計	26,893	100.0%	448	100.0%	9,217	100.0%	499	100.0%	14,113	100.0%	82	100.0%	2,534	100.0%

注　雇用条件書における1ヶ月当たりの支給概算額は、支給を予定する基本賃金及び各種手当の合計であり、時間外労働賃金等は含まない。

第3部
JITCO の業務推進体制

第3部
JITCO の業務推進体制

1 組織・人員

(1) 組織

JITCO 本部は、監査室及び事務局5部（1室、19課、1センター）で構成され、それぞれ次のような業務を担当している。

① 監査室（業務監査及び会計監査）

② 総務部（理事会・評議員会事項、各部の総合調整、職員の人事・給与、予算及び決算、情報システムの整備、賛助会員に関する事項、地方駐在事務所の運営管理に関する事項、広報・啓発、教材等の開発・販売等）
  ・総務・人事課
  ・会計課
  ・賛助会員課
  ・地方駐在管理課
  ・企画調整課
  ・情報システム課
  ・広報室
  ・教材センター

③ 申請支援部（入国・在留手続きの案内・支援、申請取次ぎ、技能実習計画認定申請に関する支援等）
  ・企画管理課
  ・業務管理課
  ・支援第一課
  ・支援第二課

④ 国際部（諸外国の関係機関との連絡調整、送出機関支援等）
  ・国際第一課
  ・国際第二課

⑤ 実習支援部（技能実習生・特定技能外国人受入れ実施に係る相談・支援等、技能実習生の安全衛生対策、JITCO 保険に関する事項、技能実習生用テキスト等の開発、技能実習生からの相談に関する事項等）
  ・業務課
  ・保険業務課
  ・相談課
  ・職種相談課

⑥ 講習業務部（養成講習を含む各種講習会・セミナー等の開催、日本語教育に係る支援に関する事項等）
  ・業務課
  ・養成講習課
  ・日本語教育課

このほか、12都市（札幌、仙台、水戸、東京、富山、長野、名古屋、大阪、広島、高松、松山、福岡）に地方駐在事務所を設置し、監理団体・実習実施者等への地域での支援業務に当たっている。

(2) 人員

JITCO の2021年7月1日現在における人員構成は次のようになっている。

① 常勤役員　　　　7人

② 本部
　　職員　　142人（派遣職員を含む。）

③ 地方駐在事務所12ヶ所
　　職員　　130人（派遣職員を含む。）

（参考）JITCO の本部・地方駐在事務所一覧

事務所	〒	所　在　地	TEL/FAX	担　当　地　域
本　部	108-0023	東京都港区芝浦 2 - 11- 5 五十嵐ビルディング 9 階・11 階・12 階	TEL　03-4306-1100 （代表） FAX　03-4306-1112	
札　幌	060-0003	札幌市中央区北 3 条西 3 - 1 札幌北三条ビル 6 階	TEL　011-242-5820 011-242-5821 FAX　011-207-6056	北海道
仙　台	980-0811	仙台市青葉区一番町 1 - 8 - 3 富士火災仙台ビル 8 階	TEL　022-263-8030 022-263-8031 FAX　022-263-8032	青森、岩手、宮城、秋田、 山形、福島
水　戸	310-0021	水戸市南町 3 - 4 -57 水戸セントラルビル 3 階	TEL　029-233-2275 FAX　029-222-2668	茨城
東　京	108-0023	東京都港区芝浦 2 - 11- 5 五十嵐ビルディング 9 階	TEL　03-4306-1190 FAX　03-4306-1117	栃木、群馬、千葉、東京、 埼玉、神奈川、山梨
富　山	930-0004	富山市桜橋通り 1 -18 北日本桜橋ビル 5 階	TEL　076-442-1496 FAX　076-443-2731	富山、石川、福井
長　野	380-0836	長野市南県町1081 長野東京海上日動ビル 2 階	TEL　026-291-7811 026-291-7812 FAX　026-291-8920	長野、新潟
名古屋	451-0045	名古屋市西区名駅 2 -27- 8 名古屋プライムセントラル タワー 9 階	TEL　052-589-3087 052-589-3088 FAX　052-571-2100	静岡、岐阜、愛知、三重
大　阪	530-0001	大阪市北区梅田 1 - 3 - 1 大阪駅前第 1 ビル 7 階	TEL　06-6344-9521 06-6344-9522 FAX　06-6344-9523	兵庫、滋賀、京都、大阪、 奈良、和歌山
広　島	730-0012	広島市中区上八丁堀 8 - 2 広島清水ビル 5 階	TEL　082-224-0253 082-224-0263 FAX　082-502-3238	鳥取、島根、岡山、広島、 山口
高　松	760-0023	高松市寿町 2 - 3 -11 高松丸田ビル 6 階	TEL　087-826-3748 FAX　087-811-7845	徳島、香川
松　山	790-0005	松山市花園町 3 -21 朝日生命松山南堀端ビル 6 階	TEL　089-931-1162 089-931-1172 FAX　089-931-1163	愛媛、高知
福　岡	812-0011	福岡市博多区博多駅前 4 - 1 - 1 日本生命博多駅前第 2 ビル 3 階	TEL　092-414-1729 FAX　092-415-5548	福岡、佐賀、長崎、大分、 沖縄、熊本、宮崎、鹿児島

2 決算と予算の概況

(1) 総論

JITCOの主な収益は、賛助会員受取会費及び事業収益（点検・取次事業収益、技能実習生総合保険事業収益、教材販売事業収益等）である。

JITCOは、業務の見直しや合理化等により、必要な事業を円滑かつ適切に執行できるよう財源の確保に努めている。

（以下、決算値及び予算値は千円未満四捨五入にて表記する）

(2) 2020年度決算

① 正味財産増減計算書

ア 経常収益

賛助会員受取会費は1,915,573千円となり、前年度に比べ60,169千円（3.0%）減少した。

事業収益は535,303千円となり、前年度に比べ197,390千円（26.9%）減少した。主な要因は、技能実習生総合保険事業収益、教材販売事業収益、養成講習事業収益等の減収である。

これら要因により経常収益は2,478,491千円となり、前年度に比べ241,793千円（8.9%）減少した。

イ 経常費用

経常費用計は2,413,345千円となり、前年度に比べ86,883千円（3.5%）減少した。

ウ 当期経常増減額

当期経常増減額は65,146千円となり、前年度に比べ154,910千円減少した。

エ 当期経常外増減額

当期経常外増減額は0千円であり、前年度に比べ34千円減少した。

オ 当期一般正味財産増減額

当期一般正味財産増減額は64,255千円となり、前年度に比べ155,834千円増加した。

② 貸借対照表

資産合計は4,419,773千円となり、前年度に比べ113,015千円（2.5%）減少した。

うち流動資産は1,235,575千円で、前年度に比べ35,924千円（2.8%）減少した。固定資産は3,184,198千円で、前年度に比べ77,091千円（2.4%）減少した。なお、固定資産のうち1,006,000千円は基本財産である。

負債合計は640,708円となり、前年度に比べ177,271千円（21.7%）減少した。

一般正味財産は2,773,065千円となり、前年度に比べ64,255千円（2.4%）増加した。また、正味財産は3,779,065千円となり、前年度に比べ64,255千円（2.4%）増加した。

③ 財務諸表の開示

JITCOは財務及び業務等に関する資料は本部事務所及びホームページにて閲覧できる体制をとっており、事業内容の透明性向上に努めている。

(3) 2021年度収支予算

① 経常収益

賛助会員受取会費は1,840,000千円、事業収益は698,146千円、経常収益計は2,551,399千円を見込んだ。

② 経常費用

経常費用計は2,608,928千円を見込んだ。

③ 当期経常増減額

当期経常増減額は57,529千円を見込んだ。

④ 当期一般正味財産増減額

経常外収益及び経常外費用の発生は見込んでおらず、当期一般正味財産増減額は57,529千円を見込んだ。

（参考）JITCO 最近のあゆみ

2020年（令和2年）

4月
28日	技能向上講習（富山市） ※28～30日の期間に富山市で2回開催

5月
新型コロナウイルス感染拡大による緊急事態宣言の発出に伴い、養成講習の開催を延期

6月
9日	養成講習「技能実習責任者講習」（於中標津町） ※9～25日の期間に中標津町、仙台市、富山市等で12回開催 養成講習「技能実習指導員講習」（於富山市） ※9～30日の期間に富山市、郡山市、長崎市等で9回開催
10日	技能実習制度説明会（於東京都）
11日	養成講習「生活指導員講習」（於富山市） ※11～26日の期間に富山市、郡山市、長崎市等で8回開催
18日	養成講習「監理責任者等講習」（於東京都港区） ※18～23日の期間に東京都港区で2回開催
19日	技能向上講習（富山市）

7月
1日	養成講習「技能実習責任者講習」（於徳島市） ※1～30日の期間に徳島市、青森市、鹿児島市等で15回開催 養成講習「技能実習指導員講習」（於青森市） ※1～29日の期間に青森市、鹿児島市、さいたま市等で11回開催 技能実習制度説明会（於東京都）
2日	養成講習「生活指導員講習」（於徳島市） ※2～31日の期間に徳島市、青森市、鹿児島市等で12回開催
17日	技能実習生受入れ実務セミナー「団体監理型コース」（於東京都）
21日	養成講習「監理責任者等講習」（於千葉市）
22日	地方駐在事務所企画セミナー（於大野市）

8月
3日	地方駐在事務所企画セミナー（於広島市）
4日	養成講習「技能実習責任者講習」（於高松市） ※4～27日の期間に高松市、長野市、高崎市等で6回開催 養成講習「技能実習指導員講習」（於高崎市） ※4～26日の期間に高崎市、仙台市、東京都港区等で4回開催
6日	養成講習「監理責任者等講習」（於高崎市） ※6～25日の期間に高崎市、東京都港区で2回開催
7日	養成講習「生活指導員講習」（於高崎市） ※7～28日の期間に高崎市、仙台市、東京都港区等で4回開催

9月
2日	養成講習「技能実習指導員講習」（於厚木市） ※2～16日の期間に厚木市、松山市、岐阜市等で7回開催 技能実習制度説明会（於東京都）
3日	養成講習「技能実習責任者講習」（於厚木市） ※3～30日の期間に厚木市、松山市、岐阜市等で8回開催

4日	養成講習「生活指導員講習」（於厚木市）
	※4〜18日の期間に厚木市、松山市、岐阜市等で7回開催
	日本語指導トピック別実践セミナー（於東京都）
16日	在留資格「特定技能」に係る説明会（於東京都）
18日	技能実習生受入れ実務セミナー「団体監理型コース」（於名古屋市）
25日	養成講習「監理責任者等講習」（於横浜市）

10月

1日	養成講習「技能実習責任者講習」（於大阪市）
	※1〜29日の期間に大阪市、高崎市、山形市等で13回開催
2日	養成講習「技能実習指導員講習」（於大阪市）
	※2〜28日の期間に大阪市、山形市、佐賀市等で10回開催
	第28回外国人技能実習生・研修生日本語作文コンクール表彰式（於東京都）
7日	技能実習制度説明会（於東京都）
8日	養成講習「生活指導員講習」（於山形市）
	※8〜30日の期間に山形市、佐賀市、浜松市等で9回開催
13日	養成講習「監理責任者等講習」（於宇都宮市）
15日	【特定技能】申請書類の書き方セミナー（於東京都／配信10会場）
26日	ウズベキスタン雇用・労働関係省 （MEHNAT）対外労働移住庁（AELM） との協議
30日	日本語指導担当者実践セミナー（於東京都）

11月

4日	中国対外承包工程商会主催の中国対外労務合作事業発展フォーラムへの参加
	技能実習制度説明会（於東京都）
5日	養成講習「技能実習責任者講習」（於松山市）
	※5〜27日の期間に松山市、秋田市、長野市等で10回開催
	養成講習「監理責任者等講習」（於水戸市）
	※5〜27日の期間に水戸市、さいたま市、東京都港区等で4回開催
7日	技能向上講習 （射水市）
10日	養成講習「技能実習指導員講習」（於秋田市）
	※10〜25日の期間に秋田市、長野市、大分市等で8回開催
12日	養成講習「生活指導員講習」（於秋田市）
	※12〜27日の期間に秋田市、長野市、大分市等で8回開催
17日	技能実習生受入れ実務セミナー「団体監理型コース」（於大阪市）
18日	在留資格「特定技能」に係る説明会（於東京都）
19日	【特定技能】申請書類の書き方セミナー（於東京都／配信10会場）
20日	技能修得支援セミナー（於足利市）
	※20〜27日の期間に足利市、岡谷市で2回開催
	日本語指導担当者実践セミナー（於名古屋市）

12月

2日	技能実習制度説明会（於東京都）
3日	外国人材受入れセミナー（於東京都）
8日	養成講習「技能実習責任者講習」（於平取町）
	※8〜10日の期間に平取町、大津市で3回開催
9日	養成講習「技能実習指導員講習」（於大津市）
11日	養成講習「生活指導員講習」（於大津市）
	養成講習「監理責任者等講習」（於東京都港区）
	日本語指導担当者実践セミナー（於広島市）
15日	技能修得支援セミナー（於名古屋市）
	※15〜16日の期間に名古屋市、津市で2回開催
16日	インドネシア労働省（MOM）との協議
17日	【特定技能】申請書類の書き方セミナー（於東京都／配信1会場）

2021年（令和3年）

1月

　　　6日　　　　　　　　養成講習「技能実習指導員講習」（於東京都港区）
　　　　　　　　　　　　　※6～21日の期間に東京都港区、倉敷市で2回開催
　　　7日　　　　　　　　養成講習「技能実習責任者講習」（於東京都港区）
　　　　　　　　　　　　　※7～20日の期間に東京都港区、名古屋市、倉敷市等で4回開催
　　　8日　　　　　　　　養成講習「生活指導員講習」（於東京都港区）
　　　　　　　　　　　　　※8～22日の期間に東京都港区、倉敷市で2回開催
　　　9日　　　　　　　　技能向上講習（高岡市）
　　　　　　　　　　　　　※9～14日の期間に高岡市、富山市で3回開催
　　　13日　　　　　　　　技能実習制度説明会（於東京都）
　　　20日　　　　　　　　在留資格「特定技能」に係る説明会（於東京都）
　　　27日　　　　　　　　技能修得支援セミナー（於郡山市）
　　　29日　　　　　　　　地方駐在事務所企画セミナー（於東京都）

2月

　　　3日　　　　　　　　技能実習制度説明会（於東京都）
　　　5日　　　　　　　　養成講習「監理責任者等講習」（於東京都港区）
　　　9日　　　　　　　　養成講習「技能実習責任者講習」（於名古屋市）
　　　　　　　　　　　　　※9～26日の期間に名古屋市、水戸市、大阪市等で7回開催
　　　10日　　　　　　　　養成講習「技能実習指導員講習」（於名古屋市）
　　　　　　　　　　　　　※10～16日の期間に名古屋市、今治市で2回開催
　　　15日　　　　　　　　技能修得支援セミナー（於静岡市）
　　　16日　　　　　　　　在留資格「特定技能」に係る説明会（於東京都）
　　　18日　　　　　　　　インドネシア労働省（MOM）との協議
　　　19日　　　　　　　　日本語指導担当者実践セミナー（於東京都）
　　　　　　　　　　　　　養成講習「生活指導員講習」（於今治市）
　　　25日　　　　　　　　外国人材受入れセミナー（於東京都／配信3会場）

3月

　　　2日　　　　　　　　養成講習「技能実習責任者講習」（於岡山市）
　　　　　　　　　　　　　※2～18日の期間に岡山市、今治市、結城市等で7回開催
　　　　　　　　　　　　　養成講習「技能実習指導員講習」（於今治市）
　　　　　　　　　　　　　※2～17日の期間に今治市、函館市、福山市で3回開催
　　　3日　　　　　　　　技能実習制度説明会（於東京都）
　　　5日　　　　　　　　養成講習「監理責任者等講習」（於東京都港区）
　　　8日　　　　　　　　インド全国技能開発公社（NSDC）との協議
　　　10日　　　　　　　　技能実習生受入れ実務セミナー「団体監理型コース」（於東京都／ウェビナー）
　　　11日　　　　　　　　養成講習「生活指導員講習」（於名古屋市）
　　　　　　　　　　　　　※11～19日の期間に名古屋市、函館市、福山市で3回開催
　　　12日　　　　　　　　日本語指導トピック別実践セミナー（東京都）
　　　18日　　　　　　　　【技能実習（介護）】申請書類の書き方セミナー（於東京都／配信2会場）

第4部
我が国の技能実習制度、特定技能制度の概況
（各種統計データより）

<ご利用にあたって、次の点に注意してください>

1　第4部掲載の統計資料の出所は法務省あるいは外国人技能実習機構です。

2　統計数字の構成比及び前年（度）比は小数第二位を四捨五入しているため、その計が合計欄の数字と一致しない場合があります。

3　基本的に、法務省資料に基づく統計は暦年、外国人技能実習機構資料に基づく統計は年度となっています。また、特に断り書きがなければ統計は2020年（度）のものとなっています。

第4部
我が国の技能実習制度、特定技能制度の概況
（各種統計データより）

1 外国人の入国・在留の状況

(1) 外国人新規入国者数の推移

① 国籍・地域別

第4-1表　国籍・地域別外国人新規入国者の推移

（単位：人）

国籍・地域	2018年	2019年	2020年		
				構　成　比	前　年　比
ア　ジ　ア（小　計）	23,322,082	23,527,657	2,906,163	81.1%	−87.6%
中　　　　　国	5,952,742	7,424,274	836,088	23.3%	−88.7%
台　　　　　湾	4,407,523	4,520,610	647,424	18.1%	−85.7%
韓　　　　　国	7,325,595	5,339,079	432,707	12.1%	−91.9%
中　国〔香　港〕	2,090,362	2,158,819	318,793	8.9%	−85.2%
タ　　　　　イ	1,112,626	1,297,092	214,904	6.0%	−83.4%
フ　ィ　リ　ピ　ン	443,236	571,685	96,281	2.7%	−83.2%
ベ　ト　ナ　ム	288,354	353,633	90,876	2.5%	−74.3%
マ　レ　ー　シ　ア	450,462	483,485	72,584	2.0%	−85.0%
イ　ン　ド　ネ　シ　ア	376,678	390,645	71,570	2.0%	−81.7%
シ　ン　ガ　ポ　ー　ル	429,760	484,057	53,827	1.5%	−88.9%
そ　　の　　他	444,744	504,278	71,109	2.0%	−85.9%
ヨ　ー　ロ　ッ　パ	1,669,218	1,942,071	231,766	6.5%	−88.1%
ア　フ　リ　カ	31,519	47,363	5,498	0.2%	−88.4%
北　　　　　　　米	1,836,152	2,074,784	263,237	7.4%	−87.3%
南　　　　　　　米	112,802	118,628	19,846	0.6%	−83.3%
オ　セ　ア　ニ　ア	601,844	691,351	154,847	4.3%	−77.6%
無　　国　　籍	615	655	86	0.0%	−86.9%
合　　　　　　　計	27,574,232	28,402,509	3,581,443	100.0%	−87.4%

資料出所　法務省資料に基づき JITCO 作成
注　中国（香港）は、中国国籍を有する人で、香港特別行政区旅券（SAR 旅券）を所持する人である（有効期間内の旧香港政庁発給身分証明書を所持する中国国籍者を含む）。

② 在留資格別

第4-2表　在留資格別外国人新規入国者の推移

（単位：人）

在　留　資　格	2018年	2019年	2020年		
				構　成　比	前　年　比
外　　　　　　　交	9,072	12,206	2,120	0.1%	△82.6%
公　　　　　　　用	33,217	42,934	3,708	0.1%	△91.4%
教　　　　　　　授	3,194	3,185	992	0.0%	△68.9%
芸　　　　　　　術	435	474	117	0.0%	△75.3%
宗　　　　　　　教	872	949	329	0.0%	△65.3%
報　　　　　　　道	43	69	29	0.0%	△58.0%
高 度 専 門 職 1 号 イ	26	37	26	0.0%	△29.7%
高 度 専 門 職 1 号 ロ	432	624	354	0.0%	△43.3%
高 度 専 門 職 1 号 ハ	73	118	76	0.0%	△35.6%
経　営　・　管　理	1,790	2,237	1,537	0.0%	△31.3%
法 律 ・ 会 計 業 務	4	5	2	0.0%	△60.0%
医　　　　　　　療	55	58	38	0.0%	△34.5%
研　　　　　　　究	368	364	155	0.0%	△57.4%
教　　　　　　　育	3,432	3,463	1,280	0.0%	△63.0%
技術・人文知識・国際業務	34,182	43,880	19,705	0.6%	△55.1%
企　業　内　転　勤	9,478	9,964	3,188	0.1%	△68.0%
介　　　　　　　護	1	4	23	0.0%	475.0%
興　　　　　　　行	42,703	45,486	7,218	0.2%	△84.1%
技　　　　　　　能	3,551	4,355	1,729	0.0%	△60.3%
特　定　技　能　1　号		563	3,760	0.1%	567.9%
特　定　技　能　2　号		―	―	―	―
技 能 実 習 1 号 イ	6,222	6,300	1,652	0.0%	△73.8%
技 能 実 習 1 号 ロ	137,973	167,405	74,804	2.1%	△55.3%
技 能 実 習 2 号 イ	12	8	2	0.0%	△75.0%
技 能 実 習 2 号 ロ	242	183	116	0.0%	△36.6%
技 能 実 習 3 号 イ	64	226	63	0.0%	△72.1%
技 能 実 習 3 号 ロ	5,648	14,750	7,189	0.2%	△51.3%
文　化　活　動	3,539	3,793	815	0.0%	△78.5%
短　期　滞　在	27,054,549	27,810,548	3,360,831	93.8%	△87.9%
留　　　　　　　学	124,269	121,637	49,748	1.4%	△59.1%
研　　　　　　　修	13,389	12,985	2,392	0.1%	△81.6%
家　族　滞　在	27,952	31,788	17,056	0.5%	△46.3%
特　定　活　動	27,752	31,712	7,381	0.2%	△76.7%
永　　住　　者	―	―	166	0.0%	―
日 本 人 の 配 偶 者 等	10,466	10,694	6,306	0.2%	△41.0%
永 住 者 の 配 偶 者 等	2,081	1,990	1,151	0.0%	△42.2%
定　　住　　者	17,146	17,515	5,385	0.2%	△69.3%
合　　　　　　　計	27,574,232	28,402,509	3,581,443	100.0%	△87.4%

資料出所　法務省資料に基づき JITCO 作成
注　2019年4月1日から在留資格「特定技能1号」「特定技能2号」が新設された。

(2) 在留外国人数の推移

　① 国籍・地域別

第4－3表　国籍・地域別在留外国人数の推移

(単位：人)

国籍・地域	2018年	2019年	2020年		
				構　成　比	前　年　比
アジア（小　計）	2,279,097	2,461,731	2,435,281	84.3%	－1.1%
中　　　　　国	764,720	813,675	778,112	27.0%	－4.4%
ベ　ト　ナ　ム	330,835	411,968	448,053	15.5%	8.8%
韓　　　　　国	449,634	446,364	426,908	14.8%	－4.4%
フ　ィ　リ　ピ　ン	271,289	282,798	279,660	9.7%	－1.1%
ネ　パ　ー　ル	88,951	96,824	95,982	3.3%	－0.9%
イ　ン　ド　ネ　シ　ア	56,346	66,860	66,832	2.3%	0.0%
台　　　　　湾	60,684	64,773	55,872	1.9%	－13.7%
タ　　　　　イ	52,323	54,809	53,379	1.8%	－2.6%
イ　　ン　　ド	35,419	40,202	38,558	1.3%	－4.1%
ミ　ャ　ン　マ　ー	26,456	32,049	35,049	1.2%	9.4%
そ　　の　　他	142,440	151,409	156,876	5.4%	3.6%
ヨ　ー　ロ　ッ　パ	80,221	84,142	75,010	2.6%	－10.9%
ア　フ　リ　カ	16,622	17,923	18,595	0.6%	3.7%
北　　　　　　　米	73,603	76,123	71,564	2.5%	－6.0%
南　　　　　　　米	265,214	276,097	272,279	9.4%	－1.4%
オ　セ　ア　ニ　ア	15,660	16,475	13,760	0.5%	－16.5%
無　　国　　籍	676	646	627	0.0%	－2.9%
合　　　　　　　計	2,731,093	2,933,137	2,887,116	100.0%	－1.6%

資料出所　法務省資料に基づき JITCO 作成

② 在留資格別

第4-4表 在留資格別在留外国人数の推移

(単位：人)

在留資格		2018年	2019年	2020年		
					構 成 比	前 年 比
特 別 永 住 者		321,416	312,501	304,430	10.5%	−2.6%
		2,409,677	2,620,636	2,582,686	89.5%	−1.4%
	永 住 者	771,568	793,164	807,517	28.0%	1.8%
	技 能 実 習	328,360	410,972	378,200	13.1%	−8.0%
	技 能 実 習 1 号 イ	5,128	4,975	1,205	0.0%	−75.8%
	技 能 実 習 1 号 ロ	138,249	164,408	74,476	2.6%	−54.7%
	技 能 実 習 2 号 イ	3,712	4,268	4,490	0.2%	5.2%
	技 能 実 習 2 号 ロ	173,873	210,965	258,173	8.9%	22.4%
	技 能 実 習 3 号 イ	220	605	707	0.0%	16.9%
	技 能 実 習 3 号 ロ	7,178	25,751	39,149	1.4%	52.0%
	技術・人文知識・国際業務	225,724	271,999	283,380	9.8%	4.2%
	留 学	337,000	345,791	280,901	9.7%	−18.8%
	定 住 者	192,014	204,787	201,329	7.0%	−1.7%
	家 族 滞 在	182,452	201,423	196,622	6.8%	−2.4%
	日 本 人 の 配 偶 者 等	142,381	145,254	142,735	4.9%	−1.7%
	特 定 活 動	62,956	65,187	103,422	3.6%	58.7%
中長期在留者	永 住 者 の 配 偶 者 等	37,998	41,517	42,905	1.5%	3.3%
	技 能	39,915	41,692	40,491	1.4%	−2.9%
	経 営 ・ 管 理	25,670	27,249	27,235	0.9%	−0.1%
	高 度 専 門 職	11,061	14,924	16,554	0.6%	10.9%
	高 度 専 門 職 1 号 イ	1,576	1,884	1,922	0.1%	2.0%
	高 度 専 門 職 1 号 ロ	8,774	11,886	13,167	0.5%	10.8%
	高 度 専 門 職 1 号 ハ	395	570	676	0.0%	18.6%
	高 度 専 門 職 2 号	316	584	789	0.0%	35.1%
	特 定 技 能		1,621	15,663	0.5%	866.3%
	特 定 技 能 1 号		1,621	15,663	0.5%	866.3%
	特 定 技 能 2 号		—	—	—	—
	企 業 内 転 勤	17,328	18,193	13,415	0.5%	−26.3%
	教 育	12,462	13,331	12,241	0.4%	−8.2%
	教 授	7,360	7,354	6,647	0.2%	−9.6%
	宗 教	4,299	4,285	3,772	0.1%	−12.0%
	医 療	1,936	2,269	2,476	0.1%	9.1%
	興 行	2,389	2,508	1,865	0.1%	−25.6%
	介 護	185	592	1,714	0.1%	189.5%
	研 究	1,528	1,480	1,337	0.0%	−9.7%
	文 化 活 動	2,825	3,013	1,280	0.0%	−57.5%
	芸 術	461	489	448	0.0%	−8.4%
	報 道	215	220	215	0.0%	−2.3%
	研 修	1,443	1,177	174	0.0%	−85.2%
	法 律 ・ 会 計 業 務	147	145	148	0.0%	2.1%
合 計		2,731,093	2,933,137	2,887,116	100.0%	−1.6%

資料出所　法務省資料に基づき JITCO 作成
注1　上表の数値は各年末現在のものである。
　2　2019年4月1日から在留資格「特定技能1号」「特定技能2号」が新設された。

2 外国人技能実習生・研修生の受入れ状況

(1) 技能実習生・研修生新規入国者の推移

第4―5表　国籍・地域別外国人技能実習生・研修生新規入国者の推移

（単位：人）

国籍・地域	2018年	2019年	2020年					
			合計	構成比	前年比	技能実習イ	技能実習ロ	研修
アジア（小計）	158,584	196,838	85,233	98.9%	−56.7%	1,650	82,023	1,560
ベトナム	76,735	99,862	45,224	52.5%	−54.7%	302	44,803	119
中　　国	35,450	38,025	12,295	14.3%	−67.7%	281	11,921	93
インドネシア	13,729	17,725	9,126	10.6%	−48.5%	352	8,621	153
フィリピン	13,183	16,150	6,053	7.0%	−62.5%	330	5,646	77
ミャンマー	4,558	7,508	3,884	4.5%	−48.3%	21	3,729	134
タ　　イ	5,637	6,078	3,316	3.8%	−45.4%	274	2,848	194
カンボジア	3,777	4,969	3,058	3.5%	−38.5%	11	3,002	45
モンゴル	1,145	1,495	854	1.0%	−42.9%	—	796	58
スリランカ	436	580	322	0.4%	−44.5%	13	247	62
ラオス	414	513	197	0.2%	−61.6%	—	130	67
その他	3,520	3,933	826	1.0%	−77.0%	66	280	558
ヨーロッパ	662	730	194	0.2%	−73.4%	1	79	114
アフリカ	2,320	2,324	462	0.5%	−80.1%	8	—	454
北　　米	782	887	119	0.1%	−86.6%	58	—	61
南　　米	793	716	159	0.2%	−77.8%	—	7	152
オセアニア	406	360	49	0.1%	−86.4%	—	—	49
無国籍	3	2	2	0.0%	0.0%	—	—	2
合　　計	163,550	201,857	86,218	100.0%	−57.3%	1,717	82,109	2,392

資料出所　法務省資料に基づき JITCO 作成
注　技能実習イは「技能実習 1 号イ」及び「技能実習 2 号イ」、「技能実習 3 号イ」の、技能実習ロは「技能実習 1 号ロ」及び「技能実習 2 号ロ」、「技能実習 3 号ロ」の合計である。

(2) 在留技能実習生・研修生の状況

① 国籍別　在留技能実習生の状況

第4―6表　国籍別 在留技能実習生の推移

（単位：人）

	2017年末	2018年末	2019年末	2020年末	
				前年比	構成比
ベトナム	123,563	164,499	218,727	208,879	−4.5%	55.2%
中　　国	77,567	77,806	82,370	63,741	−22.6%	16.9%
インドネシア	21,894	26,914	35,404	34,459	−2.7%	9.1%
フィリピン	27,809	30,321	35,874	31,648	−11.8%	8.4%
ミャンマー	6,144	8,432	13,118	13,963	6.4%	3.7%
タ　　イ	8,430	9,639	11,325	10,735	−5.2%	2.8%
カンボジア	6,180	7,424	9,516	9,970	4.8%	2.6%
モンゴル	1,099	1,484	2,123	2,310	8.8%	0.6%
スリランカ	341	487	740	839	13.4%	0.2%
ラオス	429	480	555	521	−6.1%	0.1%
その他	777	874	1,220	1,135	−7.0%	0.3%
合　　計	274,233	328,360	410,972	378,200	−8.0%	100.0%

資料出所　法務省資料に基づき JITCO 作成

② 都道府県別　在留技能実習生・研修生の状況

第4―7表　都道府県別 在留技能実習生・研修生の状況（2020年末）

（単位：人）

	技能実習 合　計	技能実習 1 号 イ	技能実習 1 号 ロ	技能実習 2 号 イ	技能実習 2 号 ロ	技能実習 3 号 イ	技能実習 3 号 ロ	研　修
北 海 道	12,472	6	2,345	42	8,797	18	1,264	―
青　　森	2,354	7	389	19	1,697	10	232	―
岩　　手	3,185	7	398	30	2,416	2	332	2
宮　　城	4,316	1	668	5	3,148	―	494	―
秋　　田	1,273	2	201	18	906	―	146	―
山　　形	2,351	5	289	28	1,786	13	230	―
福　　島	4,219	21	618	52	3,109	2	417	―
茨　　城	16,372	55	3,654	83	11,208	23	1,349	20
栃　　木	7,367	14	1,426	69	5,168	5	685	―
群　　馬	9,423	8	1,659	45	6,780	4	927	5
埼　　玉	18,855	25	3,337	115	13,139	29	2,210	3
千　　葉	18,862	32	4,966	88	11,932	11	1,833	―
東　　京	11,833	27	2,427	135	7,904	4	1,336	17
神 奈 川	14,406	41	2,850	122	9,837	14	1,542	4
新　　潟	4,053	18	478	30	3,018	1	508	2
富　　山	6,028	10	965	79	4,355	6	613	―
石　　川	5,291	8	830	33	3,893	8	519	1
福　　井	4,385	5	542	30	3,204	2	602	―
山　　梨	2,036	6	393	8	1,467	3	159	―
長　　野	6,141	24	985	105	4,427	20	580	3
岐　　阜	13,917	56	2,189	152	10,032	13	1,475	34
静　　岡	14,075	84	2,402	147	10,059	9	1,374	4
愛　　知	37,939	177	6,729	640	26,548	51	3,794	22
三　　重	11,291	24	1,975	365	7,797	78	1,052	―
滋　　賀	5,471	51	1,038	46	3,915	2	419	―
京　　都	4,875	17	827	82	3,445	12	492	3
大　　阪	18,541	34	4,242	129	12,041	30	2,065	24
兵　　庫	12,725	46	2,312	110	8,694	51	1,512	1
奈　　良	2,797	―	548	24	1,860	1	364	1
和 歌 山	1,342	5	301	8	902	3	123	―
鳥　　取	1,550	16	203	55	1,117	4	155	―
島　　根	1,909	―	242	14	1,396	6	251	―
岡　　山	9,292	19	1,564	271	6,364	31	1,043	―
広　　島	15,393	64	2,754	405	10,383	56	1,731	3
山　　口	4,580	5	875	60	3,196	6	438	―
徳　　島	2,773	2	473	16	1,864	1	417	―
香　　川	5,944	80	960	331	3,775	90	708	6
愛　　媛	6,398	44	1,120	239	4,263	71	661	―
高　　知	1,785	3	261	9	1,242	―	270	2
福　　岡	13,331	14	2,632	72	9,406	5	1,202	12
佐　　賀	2,929	5	453	18	2,157	1	295	―
長　　崎	2,865	12	529	46	1,983	―	295	3
熊　　本	8,048	14	1,423	90	5,678	1	842	―
大　　分	3,959	29	810	15	2,784	―	321	―
宮　　崎	3,666	―	632	3	2,694	―	337	―
鹿 児 島	5,717	―	980	7	4,161	1	568	―
沖　　縄	2,978	―	519	―	2,203	―	256	―
未 定・不 詳	6,888	82	6,063	―	23	9	711	2
合　　計	378,200	1,205	74,476	4,490	258,173	707	39,149	174

資料出所　法務省資料に基づき JITCO 作成

③ 年齢別・性別　在留技能実習生・研修生の状況

第4−8表 年齢別・性別　在留技能実習生・研修生数（2020年末）

(単位：人)

		技能実習	技能実習 1号 イ	技能実習 1号 ロ	技能実習 2号 イ	技能実習 2号 ロ	技能実習 3号 イ	技能実習 3号 ロ	研　修
20歳未満	男	3,440	16	3,019	17	388	—	—	1
	女	4,999	7	4,402	1	589	—	—	2
	小計	8,439	23	7,421	18	977	—	—	3
20〜24歳	男	89,881	181	20,303	661	65,000	11	3,725	24
	女	67,697	107	13,932	280	49,574	17	3,787	16
	小計	157,578	288	34,235	941	114,574	28	7,512	40
25〜29歳	男	71,060	258	11,014	971	48,479	92	10,246	36
	女	40,566	101	6,967	412	27,897	67	5,122	20
	小計	111,626	359	17,981	1,383	76,376	159	15,368	56
30〜34歳	男	39,071	214	5,965	899	25,857	129	6,007	26
	女	24,383	85	3,856	335	16,322	40	3,745	8
	小計	63,454	299	9,821	1,234	42,179	169	9,752	34
35〜39歳	男	13,727	102	1,933	404	8,783	158	2,347	13
	女	10,725	51	1,522	173	6,931	50	1,998	11
	小計	24,452	153	3,455	577	15,714	208	4,345	24
40〜44歳	男	2,916	49	394	152	1,724	76	521	8
	女	5,435	20	721	74	3,718	21	881	1
	小計	8,351	69	1,115	226	5,442	97	1,402	9
45歳以上	男	695	11	79	61	372	35	137	6
	女	3,605	3	369	50	2,539	11	633	2
	小計	4,300	14	448	111	2,911	46	770	8
合　計	男	220,790	831	42,707	3,165	150,603	501	22,983	114
	女	157,410	374	31,769	1,325	107,570	206	16,166	60
	合計	378,200	1,205	74,476	4,490	258,173	707	39,149	174

資料出所　法務省資料に基づき JITCO 作成

3 外国人技能実習生・研修生の不法残留等の状況
① 不法残留者等の状況
ア 不法残留者等の状況
　2020年中に入管法違反により退去強制手続きを執られた外国人は15,875人であり、そのうち、不法就労の事実が認められた者は10,993人で全体の69.2%となっている。
　また、2021年1月1日時点で本邦に不法残留し

ている外国人の総数は、82,868人となっており、前年より24人減少している。
（参考1）「不法就労」とは、許可なく収入を伴う事業を運営する活動又は報酬を受ける活動に従事することをいう。
（参考2）「不法残留」とは、許可された在留期間を経過して在留していることをいう。

第4—9表　被退去強制者の推移

(単位：人)

		被退去強制者	うち不法就労者数
2018年	人　数	16,269	10,086
2019年	人　数	19,386	12,816
2020年	人　数	15,875	10,993
	前年比	−18.1%	−14.2%

資料出所　法務省資料に基づき JITCO 作成

第4—10表　不法残留者の推移

(単位：人)

		不法残留者
2019年1月1日現在	人　数	74,167
2020年1月1日現在	人　数	82,892
2021年1月1日現在	人　数	82,868
	前年比	−0.03%

資料出所　法務省資料に基づき JITCO 作成

イ 在留資格別不法残留者の状況
　2021年1月1日時点での不法残留者総数82,868人を在留資格別にみると、最も多いのが、「短期滞在」の50,092人で全体の60.4%、次いで「技能実習」の13,079人で15.8%、「特定活動」の5,904人で7.1%となっている。

第4—11表　在留資格別不法残留者の推移

(単位：人)

		合　計	短期滞在	技能実習	留　学	日本人の配偶者等	特定活動	そ の 他
2019年1月1日現在	人　数	74,167	47,399	9,366	4,708	2,946	4,224	5,524
2020年1月1日現在	人　数	82,892	51,239	12,427	5,543	2,687	5,688	5,308
2021年1月1日現在	人　数	82,868	50,092	13,079	5,041	2,608	5,904	6,144
	構成比	100.0%	60.4%	15.8%	6.1%	3.1%	7.1%	7.4%
	前年比	0.0%	−2.2%	5.2%	−9.1%	−2.9%	3.8%	15.7%

資料出所　法務省資料に基づき JITCO 作成
注　技能実習は「技能実習1号イ」、「技能実習1号ロ」、「技能実習2号イ」及び「技能実習2号ロ」、「技能実習3号イ」及び「技能実習3号ロ」の合計である。

4 技能実習制度における監理団体の許可状況等

2016年11月28日、外国人の技能実習の適正な実施及び技能実習生の保護に関する法律（技能実習法）が公布され、2017年11月1日に施行された。

技能実習制度は、従来より「出入国管理及び難民認定法」（昭和26年政令第319号。以下「入管法」という。）とその省令を根拠法令として実施されてきたが、今般、技能実習制度の見直しに伴い、新たに技能実習法とその関連法令が制定され、これまで入管法令で規定されていた多くの部分が、この技能実習法令で規定されることとなった。

技能実習法に基づく外国人技能実習制度では、技能実習の適正な実施や技能実習生の保護の観点から、監理団体の許可制や技能実習計画の認定制、二国間取決め締結等の仕組みが新たに導入された一方、優良な監理団体・実習実施者に対しては実習期間の延長や受入れ人数枠の拡大などの制度の拡充も図られている。

本項では、新制度における監理団体の許可状況、二国間取り決めに基づく送出機関の認定状況について掲載した。

(1) 監理団体の許可状況

監理事業を行おうとする者は、外国人技能実習機構へ監理団体の許可申請を行い、主務大臣の許可を受けなければならない。監理団体として満たさなければならない要件は、技能実習法令で定められている。

監理団体の許可には、一般監理事業と特定監理事業の2つの区分がある。一般監理事業の許可を受ければ第1号から第3号まで、特定監理事業の許可を受ければ第1号から第2号までの技能実習に係る監理事業を行うことができる。

第4-12表　監理団体の許可状況
（2021年11月9日現在）

	許可監理団体数
一 般 監 理 事 業 許 可	1,748
特 定 監 理 事 業 許 可	1,673
合　　　　　計	3,421

資料出所　外国人技能実習機構公表データに基づき JITCO 作成

① 団体監理型　団体種別
第4-13表　団体監理型　団体種別　監理団体新規許可件数の推移

	2018年度	2019年度	2020年度	合　　計
一 般 監 理 事 業	24	1	0	25
特 定 監 理 事 業	462	421	434	1,317
特定監理事業から一般監理事業への変更	416	296	217	929
商 工 会 議 所	0	0	0	0
商 工 会	9	4	1	14
中 小 企 業 団 体	436	402	422	1,260
職 業 訓 練 法 人	2	1	2	5
農 業 協 同 組 合	5	0	0	5
漁 業 協 同 組 合	21	5	2	28
公 益 社 団 法 人	3	2	1	6
公 益 財 団 法 人	7	7	4	18
そ の 他	3	1	2	6
合　　　　　計	486	422	434	1,342

資料出所：外国人技能実習機構公表資料に基づき JITCO 作成
注1　上記団体種別のうち、「その他」については「外国人の技能実習の適正な実施及び技能実習生の保護に関する法律施行規則」第29条第1項第9号に定める本邦の営利を目的としない法人である。

② 都道府県別

第4-14表　都道府県別監理団体の許可状況

（2021年11月9日現在）

都道府県	一般監理事業監理団体数	特定監理事業監理団体数	合　　計
北　海　道	43	58	101
青　森　県	16	13	29
岩　手　県	14	6	20
宮　城　県	14	17	31
秋　田　県	12	5	17
山　形　県	12	10	22
福　島　県	13	22	35
茨　城　県	63	85	148
栃　木　県	22	19	41
群　馬　県	28	38	66
埼　玉　県	45	67	112
千　葉　県	52	91	143
東　京　都	197	134	331
神　奈　川　県	32	46	78
新　潟　県	17	7	24
富　山　県	34	21	55
石　川　県	17	11	28
福　井　県	33	5	38
山　梨　県	6	4	10
長　野　県	27	33	60
岐　阜　県	90	41	131
静　岡　県	57	58	115
愛　知　県	174	167	341
三　重　県	52	38	90
滋　賀　県	19	10	29
京　都　府	12	19	31
大　阪　府	92	156	248
兵　庫　県	44	47	91
奈　良　県	13	10	23
和　歌　山　県	4	7	11
鳥　取　県	13	6	19
島　根　県	9	5	14
岡　山　県	52	46	98
広　島　県	113	55	168
山　口　県	20	25	45
徳　島　県	33	12	45
香　川　県	49	33	82
愛　媛　県	34	18	52
高　知　県	13	11	24
福　岡　県	70	107	177
佐　賀　県	9	2	11
長　崎　県	13	27	40
熊　本　県	32	22	54
大　分　県	12	21	33
宮　崎　県	6	9	15
鹿　児　島　県	10	22	32
沖　縄　県	6	7	13
計	1,748	1,673	3,421

資料出所　外国人技能実習機構公表データに基づき JITCO 作成

③ 取扱職種別

第4—15表 取扱職種別監理団体の許可状況

(2021年11月9日現在)

分野	職種（2号移行対象職種）	一般監理事業監理団体数	特定監理事業監理団体数	合　計
農業	耕種農業	852	459	1,311
	畜産農業	557	196	753
	小計	1,409	655	2,064
漁業	漁船漁業	40	34	74
	養殖業	76	18	94
	小計	116	52	168
建設	さく井	996	692	1,688
	建築板金	906	646	1,552
	冷凍空気調和機器施工	391	216	607
	建具製作	297	180	477
	建築大工	672	449	1,121
	型枠施工	803	514	1,317
	鉄筋施工	765	428	1,193
	とび	960	676	1,636
	石材施工	333	218	551
	タイル張り	393	241	634
	かわらぶき	326	196	522
	左官	599	342	941
	配管	669	433	1,102
	熱絶縁施工	342	183	525
	内装仕上げ施工	633	409	1,042
	サッシ施工	316	200	516
	防水施工	559	322	881
	コンクリート圧送施工	335	209	544
	ウェルポイント施工	171	123	294
	表装	354	229	583
	建設機械施工	820	559	1,379
	築炉	132	91	223
	小計	11,772	7,556	19,328
食料品製造	缶詰巻締	344	164	508
	食鳥処理加工業	329	91	420
	加熱性水産加工食品製造業	594	174	768
	非加熱性水産加工食品製造業	623	181	804
	水産練り製品製造	360	84	444
	牛豚食肉処理加工業	397	125	522
	ハム・ソーセージ・ベーコン製造	389	107	496
	パン製造	476	149	625
	そう菜製造業	823	327	1,150
	農産物漬物製造業	104	46	150
	医療・福祉施設給食製造作業	144	118	262
	小計	4,583	1,566	6,149
繊維・衣服	紡績運転	404	83	487
	織布運転	166	39	205
	染色	155	33	188
	ニット製品製造	122	36	158
	たて編ニット生地製造	97	22	119
	婦人子供服製造	640	120	760

第4—15表　取扱職種別監理団体の許可状況（続）

(2021年11月9日現在)

分野	職種（2号移行対象職種）	一般監理事業監理団体数	特定監理事業監理団体数	合　計
繊維・衣服 （続）	紳士服製造	255	50	305
	下着類製造	150	34	184
	寝具製作	153	37	190
	カーペット製造	80	20	100
	帆布製品製造	260	44	304
	布はく縫製	126	36	162
	座席シート縫製	187	31	218
	小計	2,795	585	3,380
機械・金属	鋳造	943	390	1,333
	鍛造	205	68	273
	ダイカスト	279	75	354
	機械加工	820	326	1,146
	金属プレス加工	726	262	988
	鉄工	562	220	782
	工場板金	520	201	721
	めっき	384	110	494
	アルミニウム陽極酸化処理	157	48	205
	仕上げ	474	179	653
	機械検査	439	169	608
	機械保全	428	171	599
	電子機器組立て	579	189	768
	電気機器組立て	429	147	576
	プリント配線板製造	219	81	300
	小計	7,164	2,636	9,800
その他	家具製作	927	847	1,774
	印刷	334	95	429
	製本	248	58	306
	プラスチック成形	787	234	1,021
	強化プラスチック成形	228	62	290
	塗装	972	447	1,419
	溶接	1,015	460	1,475
	工業包装	624	229	853
	紙器・段ボール箱製造	288	78	366
	陶磁器工業製品製造	46	15	61
	自動車整備	352	163	515
	ビルクリーニング	447	247	694
	介護	491	577	1,068
	リネンサプライ	104	55	159
	コンクリート製品製造	105	36	141
	宿泊	88	68	156
	空港グランドハンドリング	0	0	0
	RPF製造	8	6	14
	鉄道施設保守整備	2	1	3
	ゴム製品製造	30	8	38
	小計	7,096	3,686	10,782
合　計		34,935	16,736	51,671

資料出所　外国人技能実習機構公表データに基づき JITCO 作成
注　1監理団体につき、2つ以上の取扱職種（2号移行対象職種）がある場合には、重複計上している。

④ 受入れ国別

第4—16表　受入れ国別監理団体の許可状況

国　　　名	一般監理事業監理団体数	特定監理事業監理団体数	合　　　計
ベトナム	1,448	1,207	2,655
中国	1,243	505	1,748
フィリピン	552	278	830
インドネシア	562	328	890
カンボジア	436	157	593
ミャンマー	478	309	787
タイ	256	78	334
モンゴル	122	52	174
ネパール	62	42	104
スリランカ	55	24	79
バングラデシュ	38	6	44
ラオス	24	7	31
インド	25	25	50
キルギス	5	2	7
ブータン	2	1	3
マレーシア	1	0	1
ペルー	1	0	1
ウズベキスタン	10	10	20
パキスタン	1	0	1
ロシア	1	2	3
合　　　計	5,322	3,033	8,355

資料出所　外国人技能実習機構公表データに基づき JITCO 作成
注　1監理団体につき、2つ以上の受入れ国がある場合には、重複計上している。

(2) 技能実習制度に関する二国間取決め締結状況と送出機関の認定状況

　技能実習制度においては、日本政府と送出し国政府との間で二国間取決めを締結し、各送出し国政府において自国の送出機関の適格性を個別に審査し、適正なもののみを認定する仕組みを構築することとされている。認定された送出機関名については、送出し国政府から日本政府に通知されることとされており、当該取決めに基づく制度に移行した後からは、送出し国政府が認定した機関を除いて、当該送出し国からの送り出しが認められなくなる。

　2021年3月31日現在、ベトナム、カンボジア、インド、フィリピン、ラオス、モンゴル、バングラデシュ、スリランカ、ミャンマー、ブータン、ウズベキスタン、パキスタン、タイ、インドネシアの14ヶ国において二国間取決めが締結されており、送出機関の認定がなされている。

第4—17表　技能実習制度に関する二国間取決め締結状況と送出機関の認定状況

（2021年3月31日現在）

	＜二国間取決め締結状況＞			
	締結日	発効日	送出機関認定手続	認定送出機関以外からの受入停止
ベ ト ナ ム	2017年6月6日	2017年11月1日	438機関の認定	2018年9月1日から
カンボジア	2017年7月11日	2017年11月1日	94機関の認定	2018年6月1日から
イ ン ド	2017年10月17日	両国が協力開始の通知をした日から30日後に開始する	31機関の認定	2018年5月1日から
フィリピン	2017年11月21日	2017年11月21日	238機関の認定	2018年9月1日から
ラ オ ス	2017年12月9日	両国が協力開始の通知をした日から30日後に開始する	19機関の認定	2018年8月1日から
モ ン ゴ ル	2017年12月21日	2017年12月21日	84機関の認定	2018年12月1日から
バングラデシュ	2018年1月29日	2018年1月29日	50機関の認定	2018年9月1日から
スリランカ	2018年2月1日	2018年2月1日	66機関の認定	2018年12月15日から
ミャンマー	2018年4月19日	2018年4月19日	248機関の認定	2018年11月1日から
ブ ー タ ン	2018年10月3日	2018年10月3日	1機関の認定	記載無し
ウズベキスタン	2019年1月15日	2019年1月15日	6機関の認定	記載無し
パ キ ス タ ン	2019年2月26日	2019年2月26日	2機関の認定	2019年12月1日から
タ イ	2019年3月27日	2019年3月27日	57機関の認定	2020年2月1日から
インドネシア	2019年6月25日	2019年6月25日	247機関の認定	2020年5月1日から

資料出所　外国人技能実習機構公表データに基づき JITCO 作成
注　中国、ネパール、ペルー等については、2021年3月現在、二国間取決めは未締結である。
注　新規の受入を制限した送出機関は含まれていない。

5 外国人技能実習機構（OTIT）による技能実習計画の認定及び実地検査の実施状況

(1) 技能実習計画認定件数の状況

技能実習計画の認定件数から、技能実習の状況を概観していく。

技能実習を行わせようとする者（実習実施者）は、技能実習生ごとに技能実習計画を作成し、OTITへ認定申請を行うこととなっている。認定後、技能実習生が来日しなかったり、前の段階の技能実習の途中で帰国するなどして、実際には技能実習を開始しない事例や実習先の変更を行い、同じ技能実習生が再度の計画認定を受けた事例等があるため、技能実習生の人数とは必ずしも一致しない。

なお、2018年度については、制度改正に伴い、同じ段階の技能実習の移行者（例：旧2号から新2号）が含まれている。

① 技能実習区分別 技能実習計画認定件数の推移

2020年度における技能実習計画の認定件数は256,408件である。前年度と比較すると30.0％の減少となっている。また、技能実習区分別に見ると、団体監理型は251,698件で98.2％、企業単独型は4,710件で1.8％となっており、団体監理型が多数を占めている。

第4―18表 技能実習区分別 技能実習計画認定件数の推移

	2018年度	2019年度	2020年度	
			件　数	前年度比
第1号企業単独型技能実習	7,613	6,697	2,300	−65.7%
第2号企業単独型技能実習	3,312	2,746	2,059	−25.0%
第3号企業単独型技能実習	440	414	351	−15.2%
企 業 単 独 型 技 能 実 習　計	11,365	9,857	4,710	−52.2%
第1号団体監理型技能実習	182,881	183,354	90,501	−50.6%
第2号団体監理型技能実習	181,077	147,528	135,349	−8.3%
第3号団体監理型技能実習	13,998	25,428	25,848	1.7%
団 体 監 理 型 技 能 実 習 計	377,956	356,310	251,698	−29.4%
合　　　　　　　　　　計	389,321	366,167	256,408	−30.0%

資料出所：外国人技能実習機構公表資料に基づきJITCO作成

② 年齢別・男女別　技能実習計画認定件数の推移

2020年度における技能実習計画認定件数を年齢別・男女別にみると、男性が147,360人で57.5%、女性が109,048人で42.5%となっている。年齢別では20歳以上30歳未満が66.0%を占めている。前年度からは特段の変化はなかった。20歳～34歳では、男性が124,524人と女性の79,667人を上回る一方、40歳以上では女性が5,492人と男性1,955人を上回っている。

第4—19表　年齢・男女別　技能実習計画認定件数の推移

(単位：件)

		2018年度	2019年度	2020年度								
				小計	構成比	前年度比	企業単独型			団体監理型		
							1号	2号	3号	1号	2号	3号
20歳未満	男	7,774	22,944	13,593	5.3%	−40.8%	44	41	0	9,014	4,494	0
	女	10,171	26,632	17,929	7.0%	−32.7%	37	15	0	11,372	6,505	0
	小計	17,945	49,576	31,522	12.3%	−36.4%	81	56	0	20,386	10,999	0
20～24歳	男	87,751	89,349	64,194	25.0%	−28.2%	224	372	15	21,494	37,542	4,547
	女	63,214	56,065	42,537	16.6%	−24.1%	238	201	23	14,092	24,514	3,469
	小計	150,965	145,414	106,731	41.6%	−26.6%	462	573	38	35,586	62,056	8,016
25～29歳	男	73,807	57,157	39,085	15.2%	−31.6%	345	415	60	10,688	21,393	6,184
	女	43,108	33,743	23,496	9.2%	−30.4%	259	194	29	7,538	12,421	3,055
	小計	116,915	90,900	62,581	24.4%	−31.2%	604	609	89	18,226	33,814	9,239
30～34歳	男	37,493	30,235	21,245	8.3%	−29.7%	345	352	80	5,654	11,529	3,285
	女	26,522	19,673	13,634	5.3%	−30.7%	184	134	14	4,363	6,897	2,042
	小計	64,015	49,908	34,879	13.6%	−30.1%	529	486	94	10,017	18,426	5,327
35～39歳	男	12,736	10,037	7,288	2.8%	−27.4%	274	153	56	1,850	3,779	1,176
	女	12,551	9,209	5,960	2.3%	−35.3%	117	69	14	1,983	2,808	969
	小計	25,287	19,246	13,248	5.2%	−31.2%	391	222	70	3,833	6,587	2,145
40～44歳	男	2,638	2,180	1,562	0.6%	−28.3%	98	57	36	443	723	205
	女	6,996	5,569	3,427	1.3%	−38.5%	70	25	7	1,271	1,576	478
	小計	9,634	7,749	4,989	1.9%	−35.6%	168	82	43	1,714	2,299	683
45～49歳	男	533	442	330	0.1%	−25.3%	25	19	12	107	119	48
	女	3,407	2,484	1,786	0.7%	−28.1%	14	9	4	566	882	311
	小計	3,940	2,926	2,116	0.8%	−27.7%	39	28	16	673	1,001	359
50歳以上	男	77	63	63	0.0%	0.0%	20	3	0	8	16	16
	女	543	385	279	0.1%	−27.5%	6	0	1	58	151	63
	小計	620	448	342	0.1%	−23.7%	26	3	1	66	167	79
合計	男	222,809	212,407	147,360	57.5%	−30.6%	1,375	1,412	259	49,258	79,595	15,461
	女	166,512	153,760	109,048	42.5%	−29.1%	925	647	92	41,243	55,754	10,387
	合計	389,321	366,167	256,408	100.0%	−30.0%	2,300	2,059	351	90,501	135,349	25,848

資料出所：外国人技能実習機構公表資料に基づき JITCO 作成

③ 職種別　技能実習計画認定件数の推移

　職種別でみると、そう菜製造業が23,882件で9.3%、次いで耕種農業が18,888件で7.4%となっている。職種分野別ではその他が最も多く66,157件で25.8%となっており、次に建設、食料品製造が続いている。

　2020年度以降に追加された職種では、漁船漁業職種および印刷職種（2020年7月17日）、非加熱性水産加工食品製造業職種（2020年10月21日追加）、RPF製造職種（2021年1月8日追加）、鉄道施設保守整備職種およびゴム製品製造職種（2021年3月16日追加）がある。

第4—20表　職種別 技能実習計画認定件数の推移

（単位：件）

職種分野	職　種	2018年度	2019年度	2020年度 小計	構成比	前年度比	企業単独型 1号	2号	3号	団体監理型 1号	2号	3号
農業	耕種農業	31,642	25,947	18,888	7.4%	−27.2%	0	1	0	7,638	9,307	1,942
	畜産農業	7,653	6,472	4,529	1.8%	−30.0%	0	1	0	1,698	2,349	481
	小　　計	39,295	32,419	23,417	9.1%	−27.8%	0	2	0	9,336	11,656	2,423
漁業	漁船漁業	2,223	1,496	996	0.4%	−33.4%	0	0	0	272	479	245
	養殖業	1,985	1,518	1,347	0.5%	−11.3%	0	0	0	581	623	143
	小　　計	4,208	3,014	2,343	0.9%	−22.3%	0	0	0	853	1,102	388
建設	さく井	259	332	304	0.1%	−8.4%	2	0	0	109	162	31
	建築板金	1,151	1,589	1,285	0.5%	−19.1%	0	0	0	456	761	68
	冷凍空気調和機器施工	695	805	566	0.2%	−29.7%	0	2	0	154	347	63
	建具製作	377	333	235	0.1%	−29.4%	0	2	0	43	161	29
	建築大工	4,695	4,495	3,098	1.2%	−31.1%	53	175	61	798	1,691	320
	型枠施工	9,131	9,235	6,628	2.6%	−28.2%	0	0	0	2,036	3,788	804
	鉄筋施工	9,349	8,900	6,070	2.4%	−31.8%	0	0	0	1,765	3,305	1,000
	とび	20,702	22,405	17,100	6.7%	−23.7%	0	18	3	5,658	9,747	1,674
	石材施工	486	471	354	0.1%	−24.8%	0	0	0	113	184	57
	タイル張り	822	742	578	0.2%	−22.1%	5	5	0	152	308	108
	かわらぶき	474	499	399	0.2%	−20.0%	0	0	0	115	235	49
	左官	2,317	2,478	1,982	0.8%	−20.0%	0	0	0	683	1,099	200
	配管	2,688	3,161	2,529	1.0%	−20.0%	9	4	1	879	1,405	231
	熱絶縁施工	728	912	788	0.3%	−13.6%	0	0	0	291	384	113
	内装仕上げ施工	4,567	4,586	3,356	1.3%	−26.8%	6	11	3	1,031	1,900	405
	サッシ施工	310	360	243	0.1%	−32.5%	0	0	0	87	142	14
	防水施工	2,553	2,758	2,125	0.8%	−23.0%	0	0	0	719	1,201	205
	コンクリート圧送施工	687	728	541	0.2%	−25.7%	0	0	0	160	300	81
	ウェルポイント施工	32	47	34	0.0%	−27.7%	0	0	0	7	14	13
	表装	583	656	465	0.2%	−29.1%	0	0	0	140	276	49
	建設機械施工	8,580	10,332	8,944	3.5%	−13.4%	13	18	3	3,390	4,736	784
	築炉	113	189	143	0.1%	−24.3%	0	0	0	58	83	2
	小　　計	71,299	76,013	57,767	22.5%	−24.0%	88	235	71	18,844	32,229	6,300
食料品製造	缶詰巻締	722	641	427	0.2%	−33.4%	0	13	0	125	243	46
	食鳥処理加工業	4,355	3,937	2,795	1.1%	−29.0%	0	0	0	1,091	1,384	320
	加熱性水産加工食品製造業	7,952	6,632	4,159	1.6%	−37.3%	5	11	0	1,565	2,132	446
	非加熱性水産加工食品製造業	12,581	11,247	7,839	3.1%	−30.3%	8	2	4	3,164	3,830	831
	水産練り製品製造	2,093	1,630	1,055	0.4%	−35.3%	0	0	0	391	580	84
	牛豚食肉処理加工業	1,912	2,059	1,719	0.7%	−16.5%	0	0	0	751	831	137
	ハム・ソーセージ・ベーコン製造	3,463	2,764	1,961	0.8%	−29.1%	0	0	0	741	1,036	184
	パン製造	4,892	4,977	3,338	1.3%	−32.9%	0	0	0	1,070	1,945	323
	そう菜製造業	32,303	33,918	23,882	9.3%	−29.6%	26	26	0	8,662	13,356	1,812
	農産物漬物製造業	112	277	320	0.1%	15.5%	0	0	0	157	163	0
	医療・福祉施設給食製造	16	761	1,300	0.5%	70.8%	0	0	0	746	554	0
	小　　計	70,401	68,843	48,795	19.0%	−29.1%	39	52	4	18,463	26,054	4,183
繊維・衣服	紡績運転	638	519	307	0.1%	−40.8%	0	1	0	104	202	0
	織布運転	1,369	1,099	674	0.3%	−38.7%	5	2	0	266	401	0
	染色	716	626	308	0.1%	−50.8%	0	2	0	60	192	54
	ニット製品製造	754	701	212	0.1%	−69.8%	0	0	0	44	112	56
	たて編ニット生地製造	207	197	102	0.0%	−48.2%	0	0	0	26	63	13

第4-20表　職種別 技能実習計画認定件数の推移（続）

（単位：件）

職種分野	職種	2018年度	2019年度	2020年度 小計	構成比	前年度比	企業単独型 1号	企業単独型 2号	企業単独型 3号	団体監理型 1号	団体監理型 2号	団体監理型 3号
繊維・衣服	婦人子供服製造	21,981	15,931	10,281	4.0%	−35.5%	15	31	21	2,804	5,088	2,322
	紳士服製造	1,515	1,087	657	0.3%	−39.6%	6	11	0	171	316	153
	下着類製造	722	675	425	0.2%	−37.0%	0	15	0	119	247	44
	寝具製作	486	347	256	0.1%	−26.2%	0	0	0	73	128	55
	カーペット製造	180	142	101	0.0%	−28.9%	2	3	0	42	54	0
	帆布製品製造	1,019	741	558	0.2%	−24.7%	19	20	0	164	250	105
	布はく縫製	478	388	154	0.1%	−60.3%	0	0	0	40	89	25
	座席シート縫製	1,721	1,569	1,008	0.4%	−35.8%	0	0	0	329	518	161
	小　計	31,786	24,022	15,043	5.9%	−37.4%	47	85	21	4,242	7,660	2,988
機械・金属	鋳造	4,340	3,311	2,153	0.8%	−35.0%	5	10	0	621	1,157	360
	鍛造	535	422	263	0.1%	−37.7%	0	4	0	54	165	40
	ダイカスト	1,923	1,597	893	0.3%	−44.1%	6	5	0	299	448	135
	機械加工	15,154	11,861	6,666	2.6%	−43.8%	105	128	9	1,680	3,984	760
	金属プレス加工	10,914	8,485	5,825	2.3%	−31.3%	20	20	0	1,635	3,436	714
	鉄工	3,867	3,843	2,719	1.1%	−29.2%	36	58	6	793	1,473	353
	工場板金	3,433	3,031	2,047	0.8%	−32.5%	5	0	17	614	1,156	255
	めっき	2,732	2,287	1,714	0.7%	−25.1%	38	81	9	505	833	248
	アルミニウム陽極酸化処理	488	502	260	0.1%	−48.2%	0	0	0	86	138	36
	仕上げ	3,545	2,776	1,531	0.6%	−44.8%	40	23	7	372	888	201
	機械検査	6,195	5,768	3,622	1.4%	−37.2%	99	124	25	1,068	2,012	294
	機械保全	3,197	2,412	1,525	0.6%	−36.8%	1	1	0	435	962	126
	電子機器組立て	12,367	9,209	5,152	2.0%	−44.1%	124	157	13	1,405	2,859	594
	電気機器組立て	2,993	2,308	1,426	0.6%	−38.2%	2	9	2	397	850	166
	プリント配線板製造	990	1,007	566	0.2%	−43.8%	52	30	0	137	305	42
	小　計	72,673	58,819	36,362	14.2%	−38.2%	533	650	88	10,101	20,666	4,324
そ の 他	家具製作	2,075	2,102	1,268	0.5%	−39.7%	8	11	0	337	711	201
	印刷	1,704	1,323	913	0.4%	−31.0%	4	0	0	284	507	118
	製本	2,105	1,769	1,272	0.5%	−28.1%	0	0	3	406	710	153
	プラスチック成形	19,908	16,556	11,379	4.4%	−31.3%	112	150	21	3,606	6,264	1,226
	強化プラスチック成形	617	660	466	0.2%	−29.4%	3	20	2	143	251	47
	塗装	12,156	11,775	8,070	3.1%	−31.5%	18	86	10	2,485	4,573	898
	溶接	26,453	21,601	13,003	5.1%	−39.8%	134	443	120	3,467	7,526	1,313
	工業包装	10,500	10,558	7,610	3.0%	−27.9%	71	171	0	2,281	4,213	874
	紙器・段ボール箱製造	1,830	1,797	1,285	0.5%	−28.5%	0	5	0	376	800	104
	陶磁器工業製品製造	260	251	98	0.0%	−61.0%	0	0	0	16	67	15
	自動車整備	2,616	3,716	2,957	1.2%	−20.4%	0	6	0	1,042	1,740	169
	ビルクリーニング	3,195	5,473	3,819	1.5%	−30.2%	12	137	11	1,163	2,372	124
	介護	1,823	8,967	12,068	4.7%	34.6%	20	6	0	6,776	5,266	0
	リネンサプライ	532	1,480	1,222	0.5%	−17.4%	0	0	0	298	924	0
	コンクリート製品製造	0	92	487	0.2%	429.3%	0	0	0	453	34	0
	宿泊	0	0	240	0.1%	−	0	0	0	216	24	0
	RPF製造	−	−	0	0.0%		0	0	0	0	0	0
	鉄道施設保守整備	−	−	0	0.0%		0	0	0	0	0	0
	ゴム製品製造	−	−	0	0.0%		0	0	0	0	0	0
	小　計	85,774	88,120	66,157	25.8%	−24.9%	382	1,035	167	23,349	35,982	5,242
主務大臣が告示で定める職種	空港グランドハンドリング（航空貨物取扱作業）	36	13	0	0.0%	−100.0%	0	0	0	0	0	0
	空港グランドハンドリング（客室清掃作業）	0	0	0	0.0%	−	0	0	0	0	0	0
	小　計	36	13	0	0.0%	−100.0%	0	0	0	0	0	0
移行対象外の職種	移行対象外職種	13,849	14,904	6,524	2.5%	−56.2%	1,211	0	0	5,313	0	0
合　　計		389,321	366,167	256,408	100.0%	−30.0%	2,300	2,059	351	90,501	135,349	25,848

資料出所：外国人技能実習機構公表資料に基づき JITCO 作成

④ 国籍・地域別　技能実習計画認定件数の推移

　国籍・地域別で見ると、ベトナムが143,742件であり、全体のうち56.1%と最も多く、次いで中国が14.5%、インドネシアが9.7%、フィリピンが7.8%となっている。対前年度比では、全体では30.0%の減少であり、特に中国が46.7%と大きな減少となっている。

第4—21表　国籍別 技能実習計画認定件数の推移

(単位：件)

国籍	2018年度	2019年度	2020年度								
			小計	構成比	前年度比	企業単独型			団体監理型		
						1号	2号	3号	1号	2号	3号
ベ ト ナ ム	196,732	196,001	143,742	56.1%	−26.7%	519	551	91	51,603	77,626	13,352
中　　　　国	89,918	69,795	37,208	14.5%	−46.7%	399	548	64	12,801	19,876	3,520
インドネシア	31,900	32,508	24,922	9.7%	−23.3%	294	348	9	9,177	12,530	2,564
フィリピン	35,515	30,326	19,911	7.8%	−34.3%	400	404	152	4,732	10,526	3,697
ミャンマー	10,715	13,739	12,299	4.8%	−10.5%	21	114	13	5,237	5,989	925
タ　　　　イ	11,403	9,587	6,972	2.7%	−27.3%	327	73	7	2,456	3,301	808
カンボジア	8,822	8,903	6,979	2.7%	−21.6%	7	6	0	2,759	3,489	718
モ ン ゴ ル	1,880	2,200	1,745	0.7%	−20.7%	2	2	0	718	912	111
そ の 他	2,436	3,108	2,630	1.0%	−15.4%	331	13	15	1,018	1,100	153
合　　　　計	389,321	366,167	256,408	100.0%	−30.0%	2,300	2,059	351	90,501	135,349	25,848

資料出所：外国人技能実習機構公表資料に基づき JITCO 作成

⑤ 職種別 国籍別 技能実習計画認定件数の推移

職種別・国籍別で見ると、もっとも受入れが多い職種である「そう菜製造業」では、ベトナムが16,764件で、次いで中国が2,671件となっている。

第4―22表　職種別 国籍別 技能実習計画認定件数の状況（2020年度）

(単位：件)

分野	職種	全体	ベトナム	中国	インドネシア	フィリピン	ミャンマー	タイ	カンボジア	モンゴル	その他
農業	耕種農業	18,888	8,001	4,422	1,830	1,716	389	669	1,463	58	340
	畜産農業	4,529	2,178	602	547	648	124	187	155	48	40
	小　計	23,417	10,179	5,024	2,377	2,364	513	856	1,618	106	380
漁業	漁船漁業	996	21	0	975	0	0	0	0	0	0
	養殖業	1,347	729	368	236	10	0	0	0	4	0
	小　計	2,343	750	368	1,211	10	0	0	0	4	0
建設	さく井	304	226	4	39	15	11	0	4	3	2
	建築板金	1,285	897	52	113	87	48	28	38	7	15
	冷凍空気調和機器施工	566	361	41	38	32	37	8	31	14	4
	建具製作	235	104	24	49	23	10	2	14	0	9
	建築大工	3,098	1,485	228	275	742	180	46	107	22	13
	型枠施工	6,628	3,867	370	904	730	297	88	211	78	83
	鉄筋施工	6,070	3,208	357	909	843	305	96	219	84	49
	とび	17,100	10,996	940	1,702	1,073	854	168	849	316	202
	石材施工	354	226	60	26	15	11	0	6	0	10
	タイル張り	578	404	24	42	70	20	5	9	3	1
	かわらぶき	399	275	23	46	15	11	13	11	3	2
	左官	1,982	1,402	123	155	100	95	3	77	17	10
	配管	2,529	1,733	177	162	175	134	31	82	26	9
	熱絶縁施工	788	519	69	26	66	24	40	32	2	10
	内装仕上げ施工	3,356	2,165	629	150	118	157	23	93	11	10
	サッシ施工	243	164	6	12	14	12	15	20	0	0
	防水施工	2,125	1,327	156	193	114	164	47	74	35	15
	コンクリート圧送施工	541	410	8	34	25	29	0	13	8	14
	ウェルポイント施工	34	32	0	2	0	0	0	0	0	0
	表装	465	292	50	57	13	44	0	4	5	0
	建設機械施工	8,944	5,898	318	760	684	489	160	353	92	190
	築炉	143	67	13	45	0	2	12	1	3	0
	小　計	57,767	36,058	3,672	5,739	4,954	2,934	785	2,248	729	648
食料品製造	缶詰巻締	427	227	92	4	41	12	35	16	0	0
	食鳥処理加工業	2,795	1,818	407	250	177	23	23	95	0	2
	加熱性水産加工食品製造業	4,159	2,409	875	169	208	211	152	111	9	15
	非加熱性水産加工食品製造業	7,839	4,532	1,431	530	218	533	350	190	9	46
	水産練り製品製造	1,055	551	331	75	10	54	3	27	0	4
	牛豚食肉処理加工業	1,719	1,248	110	33	70	117	83	22	25	11
	ハム・ソーセージ・ベーコン製造	1,961	1,122	531	9	95	161	12	4	27	0
	パン製造	3,338	1,722	160	477	666	172	58	25	6	52
	そう菜製造業	23,882	16,764	2,671	1,134	835	1,164	696	466	94	58
	農産物漬物製造業	320	226	31	29	3	4	4	19	0	4
	医療・福祉施設給食製造	1,300	1,079	40	77	15	40	7	12	18	12
	小　計	48,795	31,698	6,679	2,787	2,338	2,491	1,423	987	188	204
繊維・衣服	紡績運転	307	148	81	24	9	34	7	0	0	4
	織布運転	674	311	221	32	26	59	6	19	0	0
	染色	308	174	37	46	12	13	7	13	6	0
	ニット製品製造	212	116	24	3	10	39	4	8	0	8
	たて編ニット生地製造	102	29	44	16	0	13	0	0	0	0
	婦人子供服製造	10,281	3,944	4,774	131	251	527	16	600	16	22
	紳士服製造	657	345	169	5	3	73	0	51	0	11
	下着類製造	425	319	65	4	3	6	10	8	0	10
	寝具製作	256	96	52	9	42	16	0	37	4	0
	カーペット製造	101	67	14	4	13	0	0	3	0	0
	帆布製品製造	558	325	155	27	11	8	4	25	3	0
	布はく縫製	154	93	39	0	0	22	0	0	0	0
	座席シート縫製	1,008	547	233	11	92	69	45	11	0	0
	小　計	15,043	6,514	5,908	312	472	879	99	775	29	55

第4―22表　職種別 国籍別 技能実習計画認定件数の状況（2020年度）（続）

（単位：件）

分　野	職　　種	全体	ベトナム	中国	インドネシア	フィリピン	ミャンマー	タイ	カンボジア	モンゴル	その他
機械・金属	鋳造	2,153	1,047	268	444	181	52	105	41	6	9
	鍛造	263	96	59	54	14	4	34	0	2	0
	ダイカスト	893	491	121	88	54	0	130	3	0	6
	機械加工	6,666	3,796	1,019	883	413	128	315	29	39	44
	金属プレス加工	5,825	3,337	862	698	459	143	248	62	1	15
	鉄工	2,719	1,494	350	492	214	98	50	17	1	3
	工場板金	2,047	1,355	104	237	133	58	88	25	0	47
	めっき	1,714	829	179	265	219	53	114	27	6	22
	アルミニウム陽極酸化処理	260	149	34	41	20	16	0	0	0	0
	仕上げ	1,531	885	253	131	127	27	90	7	2	9
	機械検査	3,622	2,234	598	258	243	62	125	6	56	40
	機械保全	1,525	1,030	149	60	72	51	64	12	2	85
	電子機器組立て	5,152	2,965	969	275	425	172	263	15	54	14
	電気機器組立て	1,426	782	297	83	116	10	98	20	6	14
	プリント配線板製造	566	241	85	99	88	37	14	0	0	2
	小　計	36,362	20,731	5,347	4,108	2,778	911	1,738	264	175	310
その他	家具製作	1,268	844	89	122	56	104	29	13	8	3
	印刷	913	605	221	18	27	9	22	10	1	0
	製本	1,272	665	366	51	42	80	57	11	0	0
	プラスチック成形	11,379	6,462	2,060	978	773	381	572	121	11	21
	強化プラスチック成形	466	303	28	72	30	9	3	13	2	6
	塗装	8,070	4,610	869	962	890	293	235	117	33	61
	溶接	13,003	6,479	2,317	1,428	1,973	313	290	131	24	48
	工業包装	7,610	4,935	913	523	567	333	100	97	29	113
	紙器・段ボール箱製造	1,285	706	232	125	82	47	51	23	19	0
	陶磁器工業製品製造	98	66	19	0	13	0	0	0	0	0
	自動車整備	2,957	1,329	18	378	832	110	90	84	8	108
	ビルクリーニング	3,819	2,501	58	390	180	388	72	181	39	10
	介護	12,068	5,142	1,079	2,072	917	2,086	115	110	249	298
	リネンサプライ	1,222	536	241	91	271	55	9	19	0	0
	コンクリート製品製造	487	251	29	107	10	19	13	41	9	8
	宿泊	240	177	18	30	2	2	0	0	0	11
	RPF 製造	0	0	0	0	0	0	0	0	0	0
	鉄道施設保守整備	0	0	0	0	0	0	0	0	0	0
	ゴム製品製造	0	0	0	0	0	0	0	0	0	0
	小　計	66,157	35,611	8,557	7,347	6,665	4,229	1,658	971	432	687
主務大臣が告示で定める職種	空港グランドハンドリング（航空貨物取扱作業）	0	0	0	0	0	0	0	0	0	0
	空港グランドハンドリング（客室清掃作業）	0	0	0	0	0	0	0	0	0	0
	小　計	0	0	0	0	0	0	0	0	0	0
移行対象外の職種	移行対象外職種	6,524	2,201	1,653	1,041	330	342	413	116	82	346
合　　計		256,408	143,742	37,208	24,922	19,911	12,299	6,972	6,979	1,745	2,630

資料出所：外国人技能実習機構公表資料に基づき JITCO 作成

⑥ 都道府県別 技能実習計画認定件数の推移

都道府県別で見ると、実習実施場所として最も多いのは、愛知県で、24,573件、9.6%。次いで大阪府で12,998件、5.1%となっている。広域で見ると、関東地方（茨城県、栃木県、群馬県、埼玉県、千葉県、東京都、神奈川県）全体では、67,196件、26.2%、また、東海地方（岐阜県、静岡県、愛知県、三重県）全体では51,657件、20.1%となっており、関西や中国・四国など他の地方と比べて、より多くの技能実習生が受け入れられている様子がうかがえる。技能実習区分別では、企業単独型・団体監理型ともに愛知県が最も多く、企業単独型で884件、団体監理型で23,689件となっている。

第4−23表 都道府県別 技能実習計画認定件数の推移

（単位：件）

都道府県	2018年度	2019年度	2020年度								
			小計	構成比	前年度比	企業単独型			団体監理型		
						1号	2号	3号	1号	2号	3号
北 海 道	14,362	13,948	9,442	3.7%	−32.3%	2	12	4	4,078	4,511	835
青 森 県	2,407	2,357	1,864	0.7%	−20.9%	5	5	10	737	936	171
岩 手 県	3,483	3,454	2,247	0.9%	−34.9%	50	9	0	769	1,151	268
宮 城 県	4,641	4,306	3,131	1.2%	−27.3%	8	2	0	1,146	1,668	307
秋 田 県	1,234	1,211	999	0.4%	−17.5%	0	2	3	310	520	164
山 形 県	2,452	2,343	1,573	0.6%	−32.9%	3	10	1	488	892	179
福 島 県	4,711	4,272	2,963	1.2%	−30.6%	37	13	0	1,017	1,568	328
茨 城 県	17,065	15,125	10,925	4.3%	−27.8%	40	37	8	4,054	5,738	1,048
栃 木 県	7,667	6,708	4,828	1.9%	−28.0%	76	28	4	1,695	2,557	468
群 馬 県	11,189	10,037	6,873	2.7%	−31.5%	94	34	5	2,567	3,524	649
埼 玉 県	18,383	17,597	12,667	4.9%	−28.0%	72	47	12	4,348	6,771	1,417
千 葉 県	16,973	16,290	11,441	4.5%	−29.8%	22	17	11	4,142	6,185	1,064
東 京 都	12,287	13,866	10,504	4.1%	−24.2%	27	103	6	3,384	5,853	1,131
神 奈 川 県	12,425	13,361	9,958	3.9%	−25.5%	56	48	3	3,636	5,305	910
新 潟 県	4,350	4,100	3,318	1.3%	−19.1%	57	20	0	1,234	1,650	357
富 山 県	7,129	5,838	3,606	1.4%	−38.2%	33	21	2	1,145	2,032	373
石 川 県	6,394	5,559	3,219	1.3%	−42.1%	13	17	3	1,038	1,782	366
福 井 県	5,166	4,177	2,813	1.1%	−32.7%	11	13	0	898	1,432	459
山 梨 県	2,072	2,056	1,354	0.5%	−34.1%	4	5	0	489	706	150
長 野 県	8,368	7,582	4,858	1.9%	−35.9%	67	48	2	2,209	2,051	481
岐 阜 県	15,338	14,186	9,439	3.7%	−33.5%	127	67	19	3,147	5,106	973
静 岡 県	15,465	14,780	10,315	4.0%	−30.2%	284	237	63	3,309	5,429	993
愛 知 県	39,600	35,775	24,573	9.6%	−31.3%	579	284	21	7,707	13,387	2,595
三 重 県	11,648	10,639	7,330	2.9%	−31.1%	49	109	11	2,487	3,915	759
滋 賀 県	6,006	5,564	3,509	1.4%	−36.9%	46	42	0	1,305	1,844	272
京 都 府	4,616	4,827	3,505	1.4%	−27.4%	25	29	0	1,244	1,902	305
大 阪 府	16,618	17,789	12,998	5.1%	−26.9%	39	38	15	4,636	6,845	1,425
兵 庫 県	12,952	11,974	8,605	3.4%	−28.1%	52	35	29	3,228	4,314	947
奈 良 県	2,868	2,607	2,042	0.8%	−21.7%	14	5	0	717	1,061	245

第4―23表　都道府県別　技能実習計画認定件数の推移（続）

（単位：件）

都道府県	2018年度	2019年度	2020年度								
			小計	構成比	前年度比	企業単独型			団体監理型		
						1号	2号	3号	1号	2号	3号
和歌山県	1,295	1,380	1,049	0.4%	−24.0%	22	2	0	414	514	97
鳥　取　県	1,951	1,433	1,157	0.5%	−19.3%	42	52	9	434	525	95
島　根　県	2,324	1,827	1,411	0.6%	−22.8%	20	5	10	461	739	176
岡　山　県	10,252	8,940	6,200	2.4%	−30.6%	76	155	16	2,116	3,126	711
広　島　県	17,425	14,777	9,591	3.7%	−35.1%	81	151	29	3,266	5,127	937
山　口　県	5,269	4,407	2,953	1.2%	−33.0%	15	21	0	1,073	1,607	237
徳　島　県	3,225	2,625	1,777	0.7%	−32.3%	0	0	0	606	987	184
香　川　県	6,496	5,485	4,129	1.6%	−24.7%	70	160	32	1,443	1,967	457
愛　媛　県	7,107	6,645	4,519	1.8%	−32.0%	35	102	3	1,588	2,426	365
高　知　県	2,044	1,780	1,328	0.5%	−25.4%	6	10	0	457	661	194
福　岡　県	13,168	13,972	9,536	3.7%	−31.7%	24	23	1	3,259	5,487	742
佐　賀　県	3,000	3,065	1,956	0.8%	−36.2%	8	6	0	681	1,101	160
長　崎　県	3,216	3,138	2,108	0.8%	−32.8%	5	8	4	787	1,154	150
熊　本　県	8,252	7,801	5,999	2.3%	−23.1%	4	23	15	2,238	3,013	706
大　分　県	4,257	4,087	2,743	1.1%	−32.9%	0	4	0	1,034	1,505	200
宮　崎　県	3,643	3,593	2,735	1.1%	−23.9%	0	0	0	1,000	1,421	314
鹿児島県	5,910	5,565	4,232	1.7%	−24.0%	0	0	0	1,744	2,152	336
沖　縄　県	2,618	3,319	2,086	0.8%	−37.1%	0	0	0	736	1,202	148
合　　　計	389,321	366,167	256,408	100.0%	−30.0%	2,300	2,059	351	90,501	135,349	25,848

資料出所：外国人技能実習機構公表資料に基づき JITCO 作成

⑦ 都道府県別・国籍別 技能実習計画の状況

都道府県別・国籍別で見ると、認定件数の最も多い愛知県では、ベトナム13,000件、中国3,958件、フィリピン2,400件と全国の国籍別割合と比較してフィリピンの件数が多くなっている。

第4-24表 都道府県別・国籍別 技能実習計画認定の状況（2020年度）

(単位：件)

都道府県	合計	ベトナム	中国	インドネシア	フィリピン	ミャンマー	タイ	カンボジア	モンゴル	その他
北 海 道	9,802	5,556	1,767	441	489	618	211	187	133	400
青 森 県	1,901	1,237	268	74	87	63	23	94	12	43
岩 手 県	2,479	1,192	295	122	344	196	29	33	29	239
宮 城 県	3,145	1,785	204	468	178	366	77	26	10	31
秋 田 県	1,014	566	142	39	135	6	3	37	17	69
山 形 県	1,569	1,032	212	122	56	44	48	30	18	7
福 島 県	2,988	1,876	404	231	128	155	115	30	5	44
茨 城 県	10,686	4,782	2,385	1,684	476	312	494	488	65	0
栃 木 県	4,827	2,913	628	620	216	121	151	145	16	17
群 馬 県	6,850	3,294	1,331	958	515	382	219	63	30	58
埼 玉 県	12,537	6,965	1,709	1,343	1,055	569	453	232	164	47
千 葉 県	11,303	6,064	1,858	844	874	566	583	243	190	81
東 京 都	10,563	6,246	923	1,137	818	742	143	237	189	128
神 奈 川 県	10,014	6,120	874	1,321	578	426	175	206	218	96
新 潟 県	3,248	1,981	421	279	288	154	42	64	14	5
富 山 県	3,599	2,111	648	365	278	53	50	74	9	11
石 川 県	3,380	1,915	593	169	173	217	68	44	24	177
福 井 県	2,890	1,493	635	176	212	122	10	147	6	89
山 梨 県	1,340	828	117	128	83	138	11	5	19	11
長 野 県	4,852	2,162	903	599	523	244	246	112	39	24
岐 阜 県	9,420	4,371	2,784	503	485	462	304	448	38	25
静 岡 県	10,289	4,938	1,565	1,423	1,376	385	386	173	28	15
愛 知 県	24,201	13,000	3,958	2,162	2,400	823	942	752	136	28
三 重 県	7,295	3,420	1,521	732	411	381	455	199	122	54
滋 賀 県	3,569	1,674	770	570	233	99	78	66	4	75
京 都 府	3,487	2,368	298	277	169	122	104	106	3	40
大 阪 府	12,912	8,705	1,424	834	783	570	252	314	24	6
兵 庫 県	8,542	5,525	892	651	573	420	199	214	27	41
奈 良 県	2,030	1,187	265	95	120	247	47	53	0	16
和 歌 山 県	1,266	584	138	84	79	34	71	37	20	219
鳥 取 県	1,249	777	113	103	43	65	12	40	4	92
島 根 県	1,420	742	240	88	81	110	35	107	6	11
岡 山 県	6,199	4,114	817	529	331	158	67	153	0	30
広 島 県	9,493	5,244	1,312	897	1,207	199	436	143	25	30
山 口 県	2,929	1,923	361	249	193	109	60	32	2	0
徳 島 県	1,766	934	380	139	80	116	35	77	3	2
香 川 県	4,102	1,802	623	707	289	357	37	218	0	69
愛 媛 県	4,489	2,106	867	338	725	263	42	135	0	13
高 知 県	1,341	745	94	191	148	61	10	61	13	18
福 岡 県	9,518	6,291	706	698	738	726	41	258	32	28
佐 賀 県	1,963	1,188	208	308	98	87	23	31	2	18
長 崎 県	2,090	1,275	113	206	142	183	0	159	0	12
熊 本 県	5,998	3,481	517	448	732	227	122	417	8	46
大 分 県	2,751	1,534	313	330	296	160	6	84	9	19
宮 崎 県	2,839	1,474	362	449	103	208	1	106	32	104
鹿 児 島 県	4,244	2,980	202	437	413	111	7	54	0	40
沖 縄 県	2,019	1,242	48	354	157	122	49	45	0	2
合 計	256,408	143,742	37,208	24,922	19,911	12,299	6,972	6,979	1,745	2,630

資料出所：外国人技能実習機構公表資料に基づき JITCO 作成

第4―25表 職種別 都道府県別 技能実習計画認定の状況（2020年度）

（単位：件）

分野	職種	合計	北海道	青森県	岩手県	宮城県	秋田県	山形県	福島県	茨城県	栃木県
農業	耕種農業	18,888	733	343	204	62	36	32	119	3,998	445
	畜産農業	4,529	1,193	43	93	29	12	27	55	337	219
	小　計	23,417	1,926	386	297	91	48	59	174	4,335	664
漁業	漁船漁業	996	82	28	2	38	2	9	16	23	0
	養殖業	1,347	303	0	0	23	0	0	0	0	0
	小　計	2,343	385	28	2	61	2	9	16	23	0
建設	さく井	304	10	0	3	5	1	5	0	3	7
	建築板金	1,285	68	5	7	9	3	5	6	49	17
	冷凍空気調和機器施工	566	6	0	0	3	0	0	6	2	10
	建具製作	235	0	0	0	0	10	6	8	17	25
	建築大工	3,098	89	24	23	37	6	17	33	116	98
	型枠施工	6,628	261	33	49	110	10	28	68	129	86
	鉄筋施工	6,070	225	21	31	79	5	22	57	200	74
	とび	17,100	466	67	68	184	51	134	229	381	181
	石材施工	354	1	3	2	3	0	0	4	13	2
	タイル張り	578	9	0	2	4	0	0	0	5	4
	かわらぶき	399	1	2	0	1	0	0	5	9	4
	左官	1,982	49	10	17	7	3	2	13	48	16
	配管	2,529	41	5	6	40	1	8	38	63	28
	熱絶縁施工	788	20	6	0	8	5	2	8	41	11
	内装仕上げ施工	3,356	40	0	4	25	0	4	27	85	48
	サッシ施工	243	4	0	0	0	0	0	0	0	0
	防水施工	2,125	9	0	2	18	0	1	18	26	15
	コンクリート圧送施工	541	21	0	0	4	0	2	3	8	6
	ウェルポイント施工	34	0	0	0	2	0	0	0	0	0
	表装	465	0	0	0	3	0	0	0	2	0
	建設機械施工	8,944	386	21	49	153	83	30	102	257	144
	築炉	143	0	0	0	0	3	0	2	0	21
	小　計	57,767	1,706	197	263	695	181	266	627	1,454	797
食料品製造	缶詰巻締	427	8	0	47	1	0	10	0	0	9
	食鳥処理加工業	2,795	114	108	275	0	6	0	35	84	0
	加熱性水産加工食品製造業	4,159	1,143	276	46	154	0	0	30	152	21
	非加熱性水産加工食品製造業	7,839	1,535	110	313	680	9	32	92	290	26
	水産練り製品製造	1,055	20	0	0	91	0	0	22	6	0
	牛豚食肉処理加工業	1,719	64	27	40	19	0	12	5	89	25
	ハム・ソーセージ・ベーコン製造	1,961	73	0	10	90	0	4	8	100	143
	パン製造	3,338	121	41	49	63	14	19	28	124	14
	そう菜製造業	23,882	784	206	197	471	130	201	503	663	510
	農産物漬物製造業	320	0	0	0	0	0	0	0	9	29
	医療・福祉施設給食製造	1,300	36	7	21	8	14	4	4	18	14
	小　計	48,795	3,898	775	998	1,577	173	282	727	1,535	791
繊維・衣服	紡績運転	307	0	0	0	0	0	3	0	0	0
	織布運転	674	0	0	0	0	0	0	0	0	0
	染色	308	3	0	0	0	0	0	0	0	3
	ニット製品製造	212	0	0	0	0	0	0	0	0	0
	たて編ニット生地製造	102	0	0	0	0	0	0	0	0	0
	婦人子供服製造	10,281	113	166	179	53	321	417	372	81	203
	紳士服製造	657	12	10	33	15	45	0	21	10	0
	下着類製造	425	5	3	0	0	0	0	3	0	15
	寝具製作	256	0	0	0	0	0	4	0	11	9
	カーペット製造	101	0	0	0	0	0	0	0	2	0
	帆布製品製造	558	2	0	0	0	0	15	12	18	13
	布はく縫製	154	3	0	0	0	0	0	0	0	0
	座席シート縫製	1,008	0	0	7	14	0	32	0	0	2
	小　計	15,043	138	179	219	82	366	471	408	122	245

第4−25表　職種別 都道府県別 技能実習計画認定の状況（2020年度）（続）

（単位：件）

分　野	職　種	合計	北海道	青森県	岩手県	宮城県	秋田県	山形県	福島県	茨城県	栃木県
機械・金属	鋳造	2,153	23	0	31	10	0	43	43	42	52
	鍛造	263	0	0	0	2	0	0	0	12	0
	ダイカスト	893	6	0	9	2	0	3	0	13	46
	機械加工	6,666	8	5	29	24	29	101	92	116	154
	金属プレス加工	5,825	26	0	11	7	3	21	43	724	175
	鉄工	2,719	60	3	3	29	3	8	17	103	161
	工場板金	2,047	7	0	4	19	6	11	26	65	78
	めっき	1,714	3	0	0	12	11	22	9	47	11
	アルミニウム陽極酸化処理	260	0	0	0	0	0	0	0	10	6
	仕上げ	1,531	8	2	6	3	2	6	14	10	16
	機械検査	3,622	5	0	13	15	9	7	16	99	89
	機械保全	1,525	6	0	0	16	17	2	8	54	5
	電子機器組立て	5,152	44	57	58	55	32	9	87	155	185
	電気機器組立て	1,426	8	15	0	0	0	14	1	60	9
	プリント配線板製造	566	0	0	17	0	0	0	21	0	28
	小　　　計	36,362	204	82	181	194	112	247	377	1,510	1,015
その他	家具製作	1,268	12	0	6	0	0	6	19	19	55
	印刷	913	4	0	0	15	0	0	0	21	14
	製本	1,272	18	0	0	2	0	0	0	1	0
	プラスチック成形	11,379	15	4	11	13	0	44	70	220	260
	強化プラスチック成形	466	9	0	13	2	0	0	16	15	10
	塗装	8,070	75	31	24	48	11	36	72	227	73
	溶接	13,003	90	84	67	86	20	35	112	367	255
	工業包装	7,610	27	0	29	27	1	0	51	233	158
	紙器・段ボール箱製造	1,285	0	0	0	3	1	0	8	28	11
	陶磁器工業製品製造	98	0	0	0	0	0	0	0	0	0
	自動車整備	2,957	149	9	26	40	7	21	48	113	37
	ビルクリーニング	3,819	125	10	20	16	4	1	54	43	12
	介護	12,068	383	58	55	89	64	33	114	406	159
	リネンサプライ	1,222	41	8	5	22	6	11	8	46	28
	コンクリート製品製造	487	32	0	9	3	3	6	9	37	14
	宿泊	240	81	0	0	0	0	18	3	0	9
	RPF製造	0	0	0	0	0	0	0	0	0	0
	鉄道施設保守整備	0	0	0	0	0	0	0	0	0	0
	ゴム製品製造	0	0	0	0	0	0	0	0	0	0
	小　　　計	66,157	1,061	204	265	366	117	211	584	1,776	1,095
主務大臣が告示で定める職種	空港グランドハンドリング（航空貨物取扱作業）	0	0	0	0	0	0	0	0	0	0
	空港グランドハンドリング（客室清掃作業）	0	0	0	0	0	0	0	0	0	0
	小　　　計	0	0	0	0	0	0	0	0	0	0
移行対象外の職種	移行対象外職種	6,524	124	13	22	65	0	28	50	170	221
	合　　　計	256,408	9,442	1,864	2,247	3,131	999	1,573	2,963	10,925	4,828

（単位：件）

分野	職種	群馬県	埼玉県	千葉県	東京都	神奈川県	新潟県	富山県	石川県	福井県	山梨県
農業	耕種農業	605	267	1,068	6	26	726	41	28	32	43
	畜産農業	158	65	427	0	23	26	20	40	5	18
	小　計	763	332	1,495	6	49	752	61	68	37	61
漁業	漁船漁業	0	0	40	0	0	3	18	70	51	0
	養殖業	0	0	0	0	0	0	0	0	0	0
	小　計	0	0	40	0	0	3	18	70	51	0
建設	さく井	3	13	10	38	19	8	4	7	0	2
	建築板金	16	180	56	83	69	24	6	19	7	0
	冷凍空気調和機器施工	9	45	33	106	43	1	4	5	4	0
	建具製作	0	20	0	6	0	2	8	0	0	0
	建築大工	56	254	159	181	91	35	34	19	41	3
	型枠施工	54	634	297	413	479	103	110	62	75	46
	鉄筋施工	74	608	346	577	449	44	73	99	67	50
	とび	241	1,458	919	1,438	1,443	229	219	164	187	141
	石材施工	0	19	34	57	14	0	5	5	3	0
	タイル張り	4	98	26	55	53	3	5	0	0	2
	かわらぶき	4	33	47	35	24	2	6	5	2	0
	左官	6	155	181	228	207	9	8	3	3	0
	配管	45	157	195	330	221	12	5	15	13	0
	熱絶縁施工	5	64	35	76	40	7	6	3	6	1
	内装仕上げ施工	46	324	227	536	301	9	41	27	183	0
	サッシ施工	5	36	20	36	21	2	0	0	2	1
	防水施工	35	241	198	343	264	2	1	7	6	1
	コンクリート圧送施工	7	39	30	28	46	14	7	8	11	1
	ウェルポイント施工	0	0	0	0	0	0	2	0	0	0
	表装	3	54	46	108	20	9	11	0	0	0
	建設機械施工	198	659	597	789	577	53	66	47	61	60
	築炉	13	0	6	0	6	0	4	0	0	0
	小　計	824	5,091	3,462	5,463	4,387	568	625	495	671	308
食料品製造	缶詰巻締	0	6	45	0	0	0	0	0	0	0
	食鳥処理加工業	73	4	64	3	0	34	0	6	6	17
	加熱性水産加工食品製造業	19	20	87	21	26	11	76	50	6	6
	非加熱性水産加工食品製造業	22	236	802	247	231	66	99	32	73	9
	水産練り製品製造	3	16	104	4	0	102	6	67	4	0
	牛豚食肉処理加工業	89	41	46	41	62	25	13	27	10	0
	ハム・ソーセージ・ベーコン製造	10	44	86	3	135	35	39	24	0	4
	パン製造	64	251	240	279	278	33	23	11	34	18
	そう菜製造業	916	1,657	1,400	895	1,119	330	280	314	173	206
	農産物漬物製造業	11	23	0	2	0	19	6	3	0	0
	医療・福祉施設給食製造	16	105	50	147	113	2	10	2	3	8
	小　計	1,223	2,403	2,924	1,642	1,964	657	552	536	309	268
繊維・衣服	紡績運転	0	0	0	0	0	10	8	51	56	0
	織布運転	0	0	0	0	0	1	20	138	174	0
	染色	2	0	0	0	0	3	57	29	43	0
	ニット製品製造	0	0	3	0	0	1	0	12	16	0
	たて編ニット生地製造	4	0	0	0	0	0	42	17	21	0
	婦人子供服製造	126	239	154	151	8	216	136	100	428	42
	紳士服製造	0	2	4	6	0	1	0	1	10	0
	下着類製造	0	1	5	0	0	0	28	27	8	0
	寝具製作	9	13	0	0	0	2	6	4	2	7
	カーペット製造	0	0	0	0	0	0	0	0	0	0
	帆布製品製造	0	10	20	0	0	0	9	0	19	0
	布はく縫製	0	2	10	0	0	0	0	0	2	0
	座席シート縫製	72	18	0	14	0	0	0	0	0	22
	小　計	213	285	196	171	8	234	306	379	779	71

（単位：件）

分　野	職　　種	群馬県	埼玉県	千葉県	東京都	神奈川県	新潟県	富山県	石川県	福井県	山梨県
機械・金属	鋳造	32	97	31	17	10	27	83	45	21	17
	鍛造	18	3	5	2	0	14	12	0	0	4
	ダイカスト	26	44	4	2	18	3	12	0	0	23
	機械加工	259	298	60	42	111	53	104	137	35	70
	金属プレス加工	314	105	51	13	123	107	213	32	29	23
	鉄工	27	79	240	11	30	37	13	17	88	9
	工場板金	117	131	69	17	71	26	55	81	9	9
	めっき	73	57	15	33	41	45	56	11	17	0
	アルミニウム陽極酸化処理	17	12	0	1	4	4	28	11	0	0
	仕上げ	45	39	2	16	24	9	41	43	47	0
	機械検査	22	105	6	19	51	27	47	44	0	12
	機械保全	10	52	119	8	47	30	90	25	11	5
	電子機器組立て	106	137	48	13	51	50	117	105	112	8
	電気機器組立て	182	24	20	22	40	12	18	17	21	9
	プリント配線板製造	0	12	0	3	0	42	5	0	0	0
	小　　　　計	1,248	1,195	670	219	621	486	894	568	390	189
その他	家具製作	14	53	16	9	13	22	29	0	39	2
	印刷	13	123	42	53	30	14	0	14	29	0
	製本	35	304	78	93	38	8	27	20	6	1
	プラスチック成形	626	324	159	16	165	85	261	86	109	72
	強化プラスチック成形	19	10	11	0	9	2	21	15	12	0
	塗装	310	411	282	294	371	27	130	152	48	40
	溶接	475	492	548	166	416	88	193	314	131	55
	工業包装	175	418	405	295	248	25	163	155	43	56
	紙器・段ボール箱製造	24	107	70	25	50	7	59	9	3	2
	陶磁器工業製品製造	0	0	0	0	0	0	0	0	0	0
	自動車整備	74	142	140	112	109	33	76	42	29	24
	ビルクリーニング	27	71	143	1,062	179	21	32	55	14	20
	介護	278	591	576	790	859	125	90	90	63	134
	リネンサプライ	39	37	91	18	108	20	6	21	14	12
	コンクリート製品製造	25	23	11	3	3	6	10	2	9	23
	宿泊	0	0	0	0	0	5	5	10	0	2
	RPF製造	0	0	0	0	0	0	0	0	0	0
	鉄道施設保守整備	0	0	0	0	0	0	0	0	0	0
	ゴム製品製造	0	0	0	0	0	0	0	0	0	0
	小　　　　計	2,134	3,106	2,572	2,936	2,598	488	1,102	985	549	443
主務大臣が告示で定める職種	空港グランドハンドリング（航空貨物取扱作業）	0	0	0	0	0	0	0	0	0	0
	空港グランドハンドリング（客室清掃作業）	0	0	0	0	0	0	0	0	0	0
	小　　　　計	0	0	0	0	0	0	0	0	0	0
移行対象外の職種	移行対象外職種	468	255	82	67	331	130	48	118	27	14
	合　　　　計	6,873	12,667	11,441	10,504	9,958	3,318	3,606	3,219	2,813	1,354

第4-25表　職種別 都道府県別 技能実習計画認定の状況（2020年度）（続）

（単位：件）

分　野	職　　種	長野県	岐阜県	静岡県	愛知県	三重県	滋賀県	京都府	大阪府	兵庫県	奈良県
農　業	耕種農業	823	212	248	924	132	26	77	32	144	27
	畜産農業	42	26	98	163	120	7	4	8	80	12
	小　　　　計	865	238	346	1,087	252	33	81	40	224	39
漁　業	漁船漁業	0	0	3	0	35	0	0	0	101	0
	養殖業	0	0	1	0	0	0	0	0	83	0
	小　　　　計	0	0	4	0	35	0	0	0	184	0
建　設	さく井	8	5	3	23	1	0	5	22	19	0
	建築板金	11	18	50	83	26	7	28	140	49	2
	冷凍空気調和機器施工	0	13	16	62	6	5	18	36	14	3
	建具製作	0	13	16	30	3	7	2	5	3	0
	建築大工	31	88	544	249	52	51	36	145	115	26
	型枠施工	39	157	259	553	89	20	147	268	125	66
	鉄筋施工	43	140	108	413	133	68	103	435	212	40
	とび	142	433	515	1,463	354	160	306	1,319	540	111
	石材施工	0	60	4	29	0	2	14	14	8	0
	タイル張り	0	25	10	74	2	3	11	78	30	4
	かわらぶき	5	13	11	52	4	8	2	25	8	8
	左官	22	30	41	193	38	16	13	132	73	0
	配管	7	11	35	242	55	12	18	191	102	13
	熱絶縁施工	2	9	7	89	3	2	5	121	40	0
	内装仕上げ施工	15	68	39	279	34	7	63	250	116	31
	サッシ施工	0	4	6	35	6	0	2	9	4	0
	防水施工	5	34	34	168	19	12	25	286	116	19
	コンクリート圧送施工	0	11	9	31	6	0	16	37	9	5
	ウェルポイント施工	0	6	0	17	0	0	0	0	0	0
	表装	5	3	31	27	4	2	6	39	18	4
	建設機械施工	76	193	234	748	221	90	126	562	357	68
	築炉	0	4	0	8	0	0	0	28	26	0
	小　　　　計	411	1,338	1,972	4,868	1,056	472	946	4,142	1,984	400
食料品製造	缶詰巻締	0	0	85	24	0	0	3	5	0	0
	食鳥処理加工業	0	71	35	104	12	2	37	118	71	10
	加熱性水産加工食品製造業	0	45	229	323	84	27	6	64	67	10
	非加熱性水産加工食品製造業	5	19	578	165	236	18	26	173	118	14
	水産練り製品製造	0	46	64	88	19	61	0	4	20	0
	牛豚食肉処理加工業	54	18	16	189	40	4	15	142	40	0
	ハム・ソーセージ・ベーコン製造	19	18	130	217	150	6	6	15	178	0
	パン製造	60	90	66	263	45	12	113	151	140	34
	そう菜製造業	278	511	1,058	1,421	338	299	520	1,193	728	199
	農産物漬物製造業	6	0	2	11	8	3	18	2	2	3
	医療・福祉施設給食製造	39	21	20	49	19	14	54	114	21	30
	小　　　　計	461	839	2,283	2,854	951	446	798	1,981	1,385	300
繊維・衣服	紡績運転	6	56	0	26	23	6	6	28	3	2
	織布運転	0	2	10	114	0	5	0	50	20	2
	染色	0	25	9	50	0	0	2	10	3	7
	ニット製品製造	5	3	0	2	0	6	0	7	2	56
	たて編ニット生地製造	0	0	1	0	0	0	0	0	0	1
	婦人子供服製造	61	1,612	64	283	214	84	86	200	201	120
	紳士服製造	8	34	0	21	16	6	0	33	0	0
	下着類製造	0	0	0	3	13	11	13	0	61	6
	寝具製作	0	0	16	36	7	28	5	0	2	10
	カーペット製造	0	17	6	9	4	13	0	44	3	0
	帆布製品製造	0	78	18	93	68	0	17	21	3	5
	布はく縫製	16	0	0	0	3	3	0	0	12	0
	座席シート縫製	22	118	81	361	41	4	10	21	0	0
	小　　　　計	118	1,945	205	998	389	166	139	414	310	209

（単位：件）

分　野	職　　種	長野県	岐阜県	静岡県	愛知県	三重県	滋賀県	京都府	大阪府	兵庫県	奈良県
機械・金属	鋳造	57	90	208	362	117	55	10	78	47	30
	鍛造	6	13	13	48	0	23	0	21	17	5
	ダイカスト	9	190	26	134	44	6	0	86	87	0
	機械加工	256	423	437	1,276	298	142	95	506	319	54
	金属プレス加工	55	340	400	1,166	335	170	45	255	231	40
	鉄工	73	76	96	139	73	28	41	222	119	57
	工場板金	58	137	93	197	56	49	37	154	107	5
	めっき	49	82	43	516	81	12	6	250	24	0
	アルミニウム陽極酸化処理	19	17	19	45	11	3	0	9	6	0
	仕上げ	49	89	84	273	72	70	11	103	117	2
	機械検査	215	344	240	854	232	60	40	199	199	9
	機械保全	8	45	79	223	84	40	18	94	65	11
	電子機器組立て	155	190	317	506	655	181	105	67	391	0
	電気機器組立て	11	47	49	203	106	50	13	55	134	0
	プリント配線板製造	104	97	6	64	51	34	5	13	9	0
	小　　　　計	1,124	2,180	2,110	6,006	2,215	923	426	2,112	1,872	213
その他	家具製作	3	174	37	139	45	4	1	32	15	43
	印刷	1	9	43	86	6	10	30	77	41	8
	製本	29	10	14	105	2	25	45	111	47	4
	プラスチック成形	264	795	936	2,473	588	498	117	410	253	229
	強化プラスチック成形	0	25	34	55	2	37	2	37	30	2
	塗装	118	191	564	1,268	268	123	115	560	324	63
	溶接	106	407	223	1,242	556	244	199	661	569	98
	工業包装	72	447	498	1,178	317	103	89	701	306	122
	紙器・段ボール箱製造	10	60	140	209	4	33	36	121	86	33
	陶磁器工業製品製造	0	81	0	2	1	0	0	0	0	0
	自動車整備	55	81	85	278	125	67	68	146	86	20
	ビルクリーニング	64	130	91	230	42	14	75	378	51	12
	介護	219	329	380	719	276	86	208	859	529	155
	リネンサプライ	3	30	61	45	18	4	60	64	57	30
	コンクリート製品製造	0	4	28	12	6	31	2	3	9	8
	宿泊	2	19	11	3	2	0	0	0	9	0
	RPF 製造	0	0	0	0	0	0	0	0	0	0
	鉄道施設保守整備	0	0	0	0	0	0	0	0	0	0
	ゴム製品製造	0	0	0	0	0	0	0	0	0	0
	小　　　　計	946	2,792	3,145	8,044	2,258	1,279	1,047	4,160	2,412	827
主務大臣が告示で定める職種	空港グランドハンドリング（航空貨物取扱作業）	0	0	0	0	0	0	0	0	0	0
	空港グランドハンドリング（客室清掃作業）	0	0	0	0	0	0	0	0	0	0
	小　　　　計	0	0	0	0	0	0	0	0	0	0
移行対象外の職種	移行対象外職種	933	107	250	716	174	190	68	149	234	54
	合　　　計	4,858	9,439	10,315	24,573	7,330	3,509	3,505	12,998	8,605	2,042

第4−25表　職種別 都道府県別 技能実習計画認定の状況（2020年度）（続）

(単位：件)

分野	職種	和歌山県	鳥取県	島根県	岡山県	広島県	山口県	徳島県	香川県	愛媛県	高知県
農業	耕種農業	111	25	31	129	223	29	293	401	132	420
	畜産農業	7	10	53	100	117	10	52	86	40	3
	小計	118	35	84	229	340	39	345	487	172	423
漁業	漁船漁業	0	42	28	0	3	29	4	0	39	99
	養殖業	0	0	0	171	766	0	0	0	0	0
	小計	0	42	28	171	769	29	4	0	39	99
建設	さく井	4	6	0	0	2	2	4	0	11	0
	建築板金	0	0	11	24	16	13	3	32	7	0
	冷凍空気調和機器施工	0	0	4	7	15	5	4	2	7	0
	建具製作	3	0	0	2	12	0	9	5	3	0
	建築大工	14	0	12	23	39	4	4	7	31	5
	型枠施工	12	30	40	163	273	34	79	141	93	61
	鉄筋施工	39	24	26	77	181	28	14	32	48	10
	とび	59	49	60	394	438	258	95	188	197	67
	石材施工	0	0	2	4	10	0	2	21	9	0
	タイル張り	0	0	0	5	5	6	1	4	6	0
	かわらぶき	5	0	0	7	10	2	3	12	2	3
	左官	0	2	14	9	35	21	2	8	7	7
	配管	14	1	0	94	78	142	4	24	21	9
	熱絶縁施工	0	0	0	15	35	15	4	6	20	0
	内装仕上げ施工	17	0	0	49	75	15	16	62	10	8
	サッシ施工	0	0	0	2	6	0	1	0	2	1
	防水施工	2	0	4	15	29	10	2	31	14	8
	コンクリート圧送施工	2	3	0	1	7	10	6	12	5	3
	ウェルポイント施工	0	0	0	0	0	0	4	0	0	0
	表装	0	0	0	7	12	0	0	14	3	0
	建設機械施工	14	17	20	185	201	84	13	76	83	21
	築炉	0	0	0	4	0	0	0	0	0	0
	小計	185	132	193	1,087	1,479	649	270	677	579	203
食料品製造	缶詰巻締	0	0	0	11	9	0	26	2	57	0
	食鳥処理加工業	0	58	0	88	53	48	109	44	16	6
	加熱性水産加工食品製造業	28	89	19	21	223	78	1	110	134	18
	非加熱性水産加工食品製造業	28	53	87	13	77	257	31	46	94	19
	水産練り製品製造	7	0	22	33	18	74	0	21	18	6
	牛豚食肉処理加工業	7	4	19	10	30	11	6	10	58	1
	ハム・ソーセージ・ベーコン製造	2	27	0	2	32	62	30	26	25	3
	パン製造	10	6	7	128	98	9	4	49	10	10
	そう菜製造業	91	56	124	644	693	273	165	803	499	165
	農産物漬物製造業	30	0	3	6	11	0	2	0	0	0
	医療・福祉施設給食製造	9	0	0	8	67	11	6	10	11	5
	小計	212	293	281	964	1,311	823	380	1,121	922	233
繊維・衣服	紡績運転	0	0	0	1	3	0	0	0	0	0
	織布運転	10	0	0	10	2	0	0	0	104	0
	染色	3	0	0	19	5	0	0	0	29	0
	ニット製品製造	6	2	3	7	6	2	3	28	0	0
	たて編ニット生地製造	0	0	0	15	0	0	0	0	0	0
	婦人子供服製造	64	209	362	701	379	110	265	104	582	73
	紳士服製造	1	0	30	88	40	0	17	5	26	41
	下着類製造	4	49	0	0	0	0	4	8	56	0
	寝具製作	0	0	0	18	10	0	0	3	0	0
	カーペット製造	0	0	0	0	3	0	0	0	0	0
	帆布製品製造	0	0	0	47	35	0	18	9	0	0
	布はく縫製	0	0	0	43	0	0	0	17	0	0
	座席シート縫製	0	5	5	22	67	0	0	0	9	0
	小計	88	265	400	971	550	116	311	166	806	114

(単位:件)

分野	職種	和歌山県	鳥取県	島根県	岡山県	広島県	山口県	徳島県	香川県	愛媛県	高知県
機械・金属	鋳造	3	3	53	107	51	50	4	23	57	2
	鍛造	0	8	0	11	9	0	0	0	0	0
	ダイカスト	7	0	0	56	9	14	0	0	0	0
	機械加工	26	27	46	208	315	69	34	59	28	9
	金属プレス加工	6	19	7	84	175	12	7	37	22	0
	鉄工	35	2	6	80	116	37	14	150	59	5
	工場板金	20	0	2	36	112	8	1	19	8	6
	めっき	2	0	0	3	91	5	2	0	27	1
	アルミニウム陽極酸化処理	0	0	0	14	18	0	0	0	0	0
	仕上げ	37	2	7	67	76	12	0	8	21	0
	機械検査	0	6	8	221	154	46	12	0	0	0
	機械保全	10	0	2	152	43	20	0	25	0	0
	電子機器組立て	7	129	47	55	179	0	14	30	28	17
	電気機器組立て	22	0	0	46	81	0	3	10	10	1
	プリント配線板製造	0	0	0	0	2	0	0	0	0	0
	小　計	175	196	178	1,140	1,431	273	91	361	260	41
その他	家具製作	0	2	4	73	103	4	26	52	2	3
	印刷	0	0	0	8	6	0	4	88	87	0
	製本	0	8	11	33	14	0	15	16	70	0
	プラスチック成形	6	17	57	211	669	254	28	50	31	8
	強化プラスチック成形	0	0	0	16	2	6	3	7	13	0
	塗装	19	7	2	188	394	87	24	133	203	24
	溶接	40	12	31	379	1,309	237	22	446	683	41
	工業包装	20	22	31	202	206	101	31	90	66	22
	紙器・段ボール箱製造	0	12	4	13	22	4	5	20	7	5
	陶磁器工業製品製造	0	0	0	0	10	0	0	4	0	0
	自動車整備	16	14	19	75	120	38	42	52	38	19
	ビルクリーニング	11	6	24	45	58	30	8	32	16	13
	介護	89	35	22	230	495	155	148	179	458	60
	リネンサプライ	6	8	9	25	20	0	5	51	12	0
	コンクリート製品製造	14	0	1	16	12	0	3	7	9	2
	宿泊	2	2	1	0	0	0	0	0	1	4
	RPF製造	0	0	0	0	0	0	0	0	0	0
	鉄道施設保守整備	0	0	0	0	0	0	0	0	0	0
	ゴム製品製造	0	0	0	0	0	0	0	0	0	0
	小　計	223	145	216	1,514	3,440	916	364	1,227	1,696	201
主務大臣が告示で定める職種	空港グランドハンドリング(航空貨物取扱作業)	0	0	0	0	0	0	0	0	0	0
	空港グランドハンドリング(客室清掃作業)	0	0	0	0	0	0	0	0	0	0
	小　計	0	0	0	0	0	0	0	0	0	0
移行対象外の職種	移行対象外職種	48	49	31	124	271	108	12	90	45	14
合　計		1,049	1,157	1,411	6,200	9,591	2,953	1,777	4,129	4,519	1,328

第4—25表　職種別 都道府県別 技能実習計画認定の状況（2020年度）（続）

（単位：件）

分　野	職　　種	福岡県	佐賀県	長崎県	熊本県	大分県	宮崎県	鹿児島県	沖縄県
農　業	耕種農業	840	92	453	2,327	492	545	760	126
	畜産農業	66	12	51	149	49	161	193	20
	小　　　　計	906	104	504	2,476	541	706	953	146
漁　業	漁船漁業	0	0	43	4	15	111	11	47
	養殖業	0	0	0	0	0	0	0	0
	小　　　　計	0	0	43	4	15	111	11	47
建　設	さく井	35	0	0	5	1	4	4	2
	建築板金	79	0	8	25	6	0	7	11
	冷凍空気調和機器施工	44	1	3	8	2	0	9	5
	建具製作	13	2	0	5	0	0	0	0
	建築大工	114	14	22	57	30	26	21	22
	型枠施工	315	27	52	99	54	30	76	279
	鉄筋施工	220	40	28	129	34	26	84	234
	とび	676	73	70	197	191	130	184	231
	石材施工	10	0	0	0	0	0	0	0
	タイル張り	31	5	1	1	4	1	0	1
	かわらぶき	21	0	2	2	2	2	7	3
	左官	170	25	11	26	18	45	31	28
	配管	104	13	16	14	14	4	31	37
	熱絶縁施工	45	1	11	6	0	0	2	6
	内装仕上げ施工	129	12	14	34	26	25	5	30
	サッシ施工	25	2	1	2	0	0	0	8
	防水施工	63	0	3	6	12	4	15	2
	コンクリート圧送施工	43	13	0	13	11	4	8	41
	ウェルポイント施工	0	0	0	0	0	3	0	0
	表装	22	1	0	0	3	1	5	2
	建設機械施工	419	110	53	219	116	93	150	63
	築炉	18	0	0	0	0	0	0	0
	小　　　　計	2,596	339	295	848	524	398	639	1,005
食料品製造	缶詰巻締	42	33	4	0	0	0	0	0
	食鳥処理加工業	32	113	61	45	7	326	500	0
	加熱性水産加工食品製造業	94	23	4	23	22	43	219	11
	非加熱性水産加工食品製造業	387	66	131	79	82	15	94	24
	水産練り製品製造	27	8	17	3	31	18	5	0
	牛豚食肉処理加工業	77	3	54	23	9	60	167	17
	ハム・ソーセージ・ベーコン製造	41	50	20	26	6	16	43	3
	パン製造	108	13	42	62	29	14	10	51
	そう菜製造業	1,058	263	115	502	80	169	481	201
	農産物漬物製造業	3	3	2	8	0	56	39	0
	医療・福祉施設給食製造	73	12	8	51	15	22	25	4
	小　　　　計	1,942	587	458	822	281	739	1,583	311
繊維・衣服	紡績運転	2	0	0	4	7	6	0	0
	織布運転	12	0	0	0	0	0	0	0
	染色	2	0	0	4	0	0	0	0
	ニット製品製造	2	0	0	10	1	29	0	0
	たて編ニット生地製造	0	0	0	1	0	0	0	0
	婦人子供服製造	141	109	172	267	68	182	63	0
	紳士服製造	24	19	13	1	16	48	0	0
	下着類製造	3	24	11	10	22	0	32	0
	寝具製作	24	0	10	6	0	14	0	0
	カーペット製造	0	0	0	0	0	0	0	0
	帆布製品製造	4	0	0	3	0	16	3	2
	布はく縫製	17	0	6	6	0	6	8	0
	座席シート縫製	15	17	0	6	23	0	0	0
	小　　　　計	246	169	212	318	137	301	106	2

（単位：件）

分　野	職　種	福岡県	佐賀県	長崎県	熊本県	大分県	宮崎県	鹿児島県	沖縄県
機械・金属	鋳造	77	13	9	23	0	0	0	0
	鍛造	9	0	2	3	3	0	0	0
	ダイカスト	11	0	0	3	0	0	0	0
	機械加工	112	19	3	68	73	18	19	0
	金属プレス加工	186	22	1	138	45	0	6	1
	鉄工	205	13	49	28	15	22	20	1
	工場板金	65	17	4	21	23	7	0	4
	めっき	28	0	0	9	3	10	7	0
	アルミニウム陽極酸化処理	0	0	0	6	0	0	0	0
	仕上げ	76	2	0	13	0	2	0	5
	機械検査	81	0	0	16	24	0	73	3
	機械保全	41	4	3	6	19	13	12	3
	電子機器組立て	57	13	0	197	27	110	246	0
	電気機器組立て	7	16	3	49	17	6	5	10
	プリント配線板製造	0	0	0	5	0	0	48	0
	小　　　　計	955	119	74	585	249	188	436	27
そ の 他	家具製作	131	15	0	10	3	26	2	5
	印刷	10	1	1	19	2	0	2	2
	製本	75	7	0	0	0	0	0	0
	プラスチック成形	458	114	0	70	258	36	9	0
	強化プラスチック成形	13	3	10	2	1	2	0	0
	塗装	243	117	44	93	75	31	43	87
	溶接	606	121	209	284	182	30	45	27
	工業包装	265	49	13	35	80	15	11	9
	紙器・段ボール箱製造	22	30	0	2	0	0	0	0
	陶磁器工業製品製造	0	0	0	0	0	0	0	0
	自動車整備	89	22	12	21	24	18	52	44
	ビルクリーニング	135	4	28	73	46	5	38	251
	介護	568	53	106	221	192	66	211	63
	リネンサプライ	55	45	0	17	21	23	12	0
	コンクリート製品製造	18	5	18	13	7	9	16	6
	宿泊	0	7	0	9	6	3	12	14
	RPF 製造	0	0	0	0	0	0	0	0
	鉄道施設保守整備	0	0	0	0	0	0	0	0
	ゴム製品製造	0	0	0	0	0	0	0	0
	小　　　　計	2,688	593	441	869	897	264	453	508
主務大臣が告示で定める職種	空港グランドハンドリング（航空貨物取扱作業）	0	0	0	0	0	0	0	0
	空港グランドハンドリング（客室清掃作業）	0	0	0	0	0	0	0	0
	小　　　　計	0	0	0	0	0	0	0	0
移行対象外の職種	移行対象外職種	203	45	81	77	99	28	51	40
合　　　　計		9,536	1,956	2,108	5,999	2,743	2,735	4,232	2,086

資料出所：外国人技能実習機構公表資料に基づき JITCO 作成

(2) 実地検査の実施状況

外国人技能実習機構（OTIT）は、技能実習法第14条の規定により、監理団体や実習実施者等の設備や帳簿書類を実地に検査することが認められている。

OTITによる実地検査は、監理団体に対しては1年に1回、実習実施者に対しては3年に1回程度の頻度で定期的に実施されることとなっている。

2020年度は、監理団体に対しては3,363件、実習実施者に対しては17,308件の実地検査が行われ、そのうち技能実習法違反があり指導が行われたのは、監理団体では1,402件（違反率41.7％）、実習実施者では6,445件（37.2％）となった。

監理団体に対する実地検査での主な違反内容は、「帳簿等の作成・備え付け、届出の提出に関するもの」が最も多く835件、次いで「実習実施者の監理・指導に関するもの」が825件となっている。

実習実施者に対する実地検査での主な違反内容は、「技能実習生の待遇に関するもの」が4,260件、「技能実習の実施に関するもの」が2,383件となっている。

第4―26表　外国人技能実習機構による実地検査数及び指導件数の推移

(単位：件)

| | 2019年度 | | 2020年度 | | | |
	実地検査	指導件数	実地検査	前年度比	指導件数	前年度比
監　理　団　体	3,087	1,331	3,363	8.9%	1,402	5.3%
実　習　実　施　者	14,970	4,922	17,308	15.6%	6,445	30.9%
合　　　　　計	18,057	6,253	20,671	14.5%	7,847	25.5%

資料出所：外国人技能実習機構公表資料に基づきJITCO作成
注1　指導件数とは、技能実習法違反が認められたため、外国人技能実習機構が指導を行った件数である。

第4―27表　外国人技能実習機構による実地検査における主な指摘事項一覧（監理団体）（2020年度）

（単位：件）

実習実施者の監理・指導に関するもの	825
実地による確認を適切に行っていなかったもの	308
技能実習計画の作成指導を適切に行っていなかったもの	59
事業所の設備や帳簿を適切に確認していなかったもの	126
第1号技能実習についての確認・指導を適切に行っていなかったもの	28
監理責任者による労働法令違反に係る指導・指示が適切に行われていなかったもの	53
その他	251
技能実習生の保護・支援に関するもの	18
実習生からの相談に適切に応じていなかったもの	10
技能実習生の旅券・在留カードを保管していたもの	4
私生活の自由を制限する規則（外泊禁止等）を定めていたもの	4
監理団体の運営・体制に関するもの	700
業務運営規程が事業所内に掲示されていなかったもの	163
外部役員・外部監査人の設置・監査が適切に行われていなかったもの	184
監理責任者が適切に選任されていなかったもの	63
個人情報等の取扱いが適切でなかったもの	49
監理費の徴収が適切でなかったもの	98
名義貸しを行っていたもの	35
その他	108
帳簿等の作成・備え付け、届出の提出に関するもの	835
各種管理簿が適切に作成等されていなかったもの	425
監査・講習・指導・相談等の記録が適切に作成等されていなかったもの	255
監理団体の許可に係る変更や事業の休廃止届を適切に提出していなかったもの	102
実習実施困難時届を適切に提出していなかったもの	29
その他	24
監査報告・事業報告に関するもの	314
監査終了後に遅滞なく監査報告書を作成・提出しなかったもの	270
事業報告書を提出しなかったもの	44
合　　　　　計	2,692

資料出所：外国人技能実習機構公表資料に基づき JITCO 作成

第4—28表　外国人技能実習機構による実地検査における主な指摘事項一覧（実習実施者）（2020年度）

（単位：件）

技能実習の実施に関するもの	2,383
実習内容が計画と異なっていたもの	420
実習時間数が計画と異なっていたもの	802
計画に記載されている機械・器具・設備を使用していなかったもの	15
従事させる業務が適切でないもの	208
実習場所が計画と異なっていたもの	134
その他	804
技能実習を実施する体制・設備に関するもの	985
技能実習生に対する指導体制が不十分であったもの	562
生活指導員が適切に選任されていなかったもの	72
技能実習指導員が適切に選任されていなかったもの	127
技能実習責任者が適切に選任されていなかったもの	86
技能実習生の人数枠が基準を満たしていないもの	11
その他	127
技能実習生の待遇に関するもの	4,260
宿泊施設の不備（私有物収納設備，消火設備等の不備等）に関するもの	2,700
食費，居住費，水道・光熱費等の技能実習生が負担する金額が適正でなかったもの	174
計画どおりの報酬が支払われていなかったもの	407
残業代が適切に支払われていなかったもの	970
報酬の額が日本人と同等以上でなかったもの	7
その他	2
帳簿書類の作成・備え付けに関するもの	1,303
各種管理簿を適切に作成・備付けしていなかったもの	902
その他	401
届出・報告に関するもの	1,374
軽微変更届を適正に提出していなかったもの	1,037
実習実施届を適正に提出していなかったもの	12
技能実習実施状況報告を適正に提出していなかったもの	117
その他	208
技能実習生の保護に関するもの	56
在留カード・旅券を預かっていたもの	25
貯蓄の契約をさせ，又は貯蓄金を管理する契約をしていたもの	8
私生活の自由を不当に制限していたもの	8
その他	15
合　　　計	10,361

資料出所：外国人技能実習機構公表資料に基づき JITCO 作成

(3) 母国語相談の実施状況

外国人技能実習機構（OTIT）は、技能実習の適正な実施及び技能実習生の保護を図るために技能実習生からの相談に応じ、必要な情報の提供、助言その他の援助を行っている。相談件数はベトナム語、中国語が多く、母国語相談件数全体の80％以上を占める。相談項目は、技能実習制度、人間関係のトラブル等多岐にわたっているが、件数全体としては前年度より約6,000件増加している。相談内容では特に「社会保険・労働保険に関すること」「その他の制度に関すること」「その他」が倍近く増加しており、新型コロナウイルス感染拡大の影響によるものと思われる。

第4—29表　外国人技能実習機構による母国語相談実施件数（2020年度）

（単位：件）

	母国語相談件数														
	技能実習制度に関すること	その他の制度に関すること	管理に関すること	賃金・時間外労働等の労働条件に関すること	職種の相違に関すること	違約金・賠償金に関すること	途中帰国に関すること	送出機関に関すること	社会保険・労働保険に関すること	実習先変更に関すること	日常生活に関すること	健康上の問題に関すること	人間関係におけるトラブルに関すること	その他	総数
ベトナム語	234	757	1,588	1,127	310	5	545	91	471	825	15	64	75	978	7,085
中　国　語	117	255	1,129	782	114	10	333	108	208	212	10	23	38	649	3,988
フィリピン語	20	67	259	200	130	6	121	3	43	164	5	3	23	122	1,166
インドネシア語	14	55	90	49	15	1	45	2	6	61	0	1	11	54	404
カンボジア語	0	8	35	24	3	1	10	4	1	40	0	4	0	39	169
ミャンマー語	1	25	86	64	41	1	26	3	17	62	4	1	3	41	375
タ　イ　語	3	10	16	39	1	0	6	2	9	10	1	1	1	22	121
英　　　語	0	5	7	6	2	0	2	0	0	1	0	0	4	16	43
他	0	0	0	0	0	0	1	0	0	1	0	0	0	0	2
合　　　計	389	1,182	3,210	2,291	616	24	1,089	213	755	1,376	35	97	155	1,921	13,353
（参考）2019年度件数	469	415	1,673	1,320	681	77	798	117	260	870	18	70	94	590	7,452

資料出所　外国人技能実習機構
注1　複数の相談を受け付けた場合は、複数項目で計上している。
注2　令和2年度の外国人技能実習機構における母国語相談は、ベトナム語を月曜日から金曜日（令和2年9月から令和3年3月までは日曜日も実施）、中国語は月曜日、水曜日及び金曜日（令和2年9月から令和3年3月までは日曜日も実施）、フィリピン語と英語を火曜日及び土曜日、インドネシア語を火曜日及び木曜日、タイ語を木曜日及び土曜日、カンボジア語を木曜日、ミャンマー語を金曜日に実施された。

6　特定技能1号外国人の受入れ状況

(1)　特定技能外国人の在留者数（速報値）

　　2019年4月の改正入管法施行によりスタートした特定技能外国人の受入れの状況を概観していく。法務省は、特定技能外国人の在留者数の速報値を2019年6月末時点より3か月毎に公表しており、本稿作成時点では、2021年6月末の分が最新となっている。

　　なお、2021年6月末時点で、特定技能2号外国人の在留者はおらず、数値は全て特定技能1号外国人の数である。

①　国籍別　特定技能1号外国人在留者の推移

　　2021年6月末時点における特定技能外国人の在留者数は29,144人である。2021年3月末からの3か月間で29.1％の増加となっている。国籍別では、ベトナムが18,191人で全体の62.4％を占めており、中国、インドネシアが続いている。技能実習生の送出人数が多い国のほか、韓国や台湾が入っており、また「その他」には、ヨーロッパ（44人）、北米（7人）、南米（10人）など、技能実習生の送出国とは異なる国籍の外国人が散見される。

第4−30表　国籍別 特定技能1号外国人在留者の推移

（単位：人）

	2020年6月末	2020年9月末	2020年12月末	2021年3月末	2021年6月末	構成比
ベ ト ナ ム	3,500	5,341	9,412	14,147	18,191	62.4%
中　　　国	597	826	1,575	2,050	2,499	8.6%
インドネシア	558	775	1,514	1,921	2,338	8.0%
フィリピン	369	567	1,059	1,731	2,621	9.0%
ミャンマー	291	405	674	959	1,265	4.3%
カンボジア	243	280	488	569	636	2.2%
タ　　　イ	177	265	455	572	697	2.4%
ネ パ ー ル	49	69	135	182	329	1.1%
韓　　　国	41	50	59	72	112	0.4%
台　　　湾	36	46	63	82	107	0.4%
そ の 他	89	145	229	282	349	1.2%
合　　　計	5,950	8,769	15,663	22,567	29,144	100.0%

資料出所　法務省資料に基づき JITCO 作成

② 特定産業分野別　国籍別　特定技能１号外国人在留者の推移

特定産業分野別に見ると、もっとも多いのは飲食料品製造業分野の10,450人（35.8％）となってい

る。このうち、国籍別ではベトナムが最も多く7,721人となっており、ベトナム国籍の特定技能１号外国人18,191人のうち42.4％を占めている。

第４−31表　特定産業分野別　国籍別 特定技能１号外国人在留者の状況（2021年６月末）

（単位：人）

	合計	ベトナム	インドネシア	中国	フィリピン	ミャンマー	カンボジア	タイ	ネパール	スリランカ	台湾	その他
介　護　分　野	2,703	1,428	338	177	320	173	14	12	150	1	18	72
ビルクリーニング分野	362	221	24	4	27	42	14	1	16	2	0	11
素形材産業分野	1,975	1,198	231	202	151	27	3	150	0	10	0	3
産業機械製造業分野	2,432	1,403	356	237	341	19	2	64	0	6	0	4
電気・電子情報関連産業分野	1,322	851	56	108	165	65	3	65	0	9	0	0
建　設　分　野	2,781	2,132	102	198	188	45	38	45	14	0	0	19
造船・舶用工業分野	760	150	48	75	460	2	3	22	0	0	0	0
自動車整備分野	348	126	2	1	188	17	1	0	1	1	0	11
航　空　分　野	22	2	0	2	1	0	0	0	7	1	0	9
宿　泊　分　野	110	36	14	5	3	8	0	0	23	0	5	16
農　業　分　野	4,008	1,929	476	440	415	92	434	141	22	18	8	33
漁　業　分　野	354	92	235	26	1	0	0	0	0	0	0	0
飲食料品製造業分野	10,450	7,721	437	863	333	687	123	183	21	11	18	53
外食業分野	1,517	902	19	161	28	88	1	14	75	24	58	147
合　　　　計	29,144	18,191	2,338	2,499	2,621	1,265	636	697	329	83	107	378

資料出所　法務省資料に基づき JITCO 作成

92

③ 都道府県別・特定産業分野別 特定技能1号外国人在留者の状況

　都道府県別に見ると、特定技能外国人が最も多く居住しているのは愛知県2,559人、次いで千葉県2,122人、東京都1,751人となっている。地方別では、関東地方（茨城県、栃木県、群馬県、埼玉県、千葉県、東京都、神奈川県）に全体の3分の1にあたる10,381人が居住している。

　愛知県内における分野別の人数を見ると、飲食料品製造業分野が789人ともっとも多く、次いで素形材産業分野492人、産業機械製造分野323人となっている。また、千葉県では飲食料品製造業分野が1,086人ともっとも多く、2位の農業分野314人の3倍以上の数となっている。

第4-32表　都道府県別・特定産業分野別 特定技能1号外国人在留者の状況（2021年6月末）

（単位：人）

都道府県	合計	介護分野	ビルクリーニング分野	素形材産業分野	産業機械製造業分野	電気・電子情報関連産業分野	建設分野	造船・舶用工業分野	自動車整備分野	航空分野	宿泊分野	農業分野	漁業分野	飲食料品製造業分野	外食業分野
北海道	1,343	52	0	6	10	29	94	1	12	0	9	517	86	500	27
青森県	86	8	0	3	1	5	4	0	0	0	0	32	0	33	0
岩手県	149	5	0	2	3	9	16	0	0	0	0	21	4	89	0
宮城県	289	16	0	5	0	0	36	2	1	0	1	19	47	156	6
秋田県	15	2	0	0	0	7	0	0	0	0	0	0	0	4	2
山形県	50	0	0	6	8	4	4	0	0	0	0	4	0	23	1
福島県	197	0	0	18	20	15	12	0	5	0	3	31	0	83	10
茨城県	1,637	102	9	80	85	67	55	1	24	0	6	589	6	587	26
栃木県	615	32	4	43	21	64	32	0	7	0	3	106	0	291	12
群馬県	1,066	91	1	82	124	60	65	0	6	0	3	156	0	457	21
埼玉県	1,708	194	18	76	63	22	309	0	30	0	0	52	0	853	91
千葉県	2,122	138	37	44	59	25	221	0	22	9	1	314	38	1,086	128
東京都	1,751	353	56	18	20	33	328	0	23	4	4	4	0	469	439
神奈川県	1,482	272	41	65	55	5	267	28	28	5	0	14	0	590	112
新潟県	220	7	0	22	8	1	26	0	0	0	2	32	0	117	5
富山県	283	27	0	28	44	25	29	0	9	0	1	1	3	105	11
石川県	262	14	0	29	109	30	23	0	5	0	1	1	11	27	12
福井県	169	29	0	13	8	26	15	0	0	0	3	0	7	45	23
山梨県	182	30	8	13	4	16	23	0	4	0	0	32	6	40	6
長野県	570	19	13	31	90	43	7	0	9	0	8	256	0	90	4
岐阜県	704	91	2	165	123	50	48	1	5	0	22	51	0	128	18
静岡県	773	33	3	96	88	59	63	9	5	0	3	64	2	326	22
愛知県	2,559	215	17	492	323	178	203	17	21	2	1	188	0	789	113
三重県	669	45	2	63	140	71	66	18	7	0	2	35	9	195	16
滋賀県	280	13	2	12	72	31	18	0	3	0	1	16	0	107	5
京都府	533	92	20	9	85	4	45	0	7	0	6	17	0	228	20
大阪府	1,521	303	59	143	268	28	201	4	18	1	4	18	0	345	129
兵庫県	1,153	98	9	42	164	169	65	14	26	0	7	58	6	438	57
奈良県	148	33	0	11	8	0	28	0	6	0	0	5	0	53	4
和歌山県	66	4	0	9	9	2	12	0	2	0	1	11	0	13	3
鳥取県	82	0	0	0	6	4	8	0	0	0	3	7	7	46	1
島根県	115	0	0	10	6	41	6	0	5	0	0	11	0	36	0
岡山県	552	50	0	77	18	16	74	37	1	0	0	44	3	211	21
広島県	1,022	36	26	58	125	65	74	210	27	0	0	56	67	263	15
山口県	207	26	5	9	18	18	23	9	0	0	1	5	0	81	12
徳島県	149	4	2	0	5	3	11	3	7	0	0	74	0	40	0
香川県	490	19	1	13	45	3	46	32	5	0	0	90	4	231	1
愛媛県	438	67	2	12	11	0	16	190	1	0	0	14	11	113	1
高知県	158	18	4	0	2	0	17	9	1	0	0	84	1	9	13
福岡県	1,240	82	9	129	110	13	92	8	11	1	0	193	0	504	88
佐賀県	160	19	0	2	3	7	13	5	0	0	0	13	0	91	7
長崎県	287	2	0	1	20	0	4	56	0	0	3	139	18	44	0
熊本県	631	5	3	30	41	47	21	38	1	0	3	307	0	130	5
大分県	266	5	1	0	4	0	19	68	2	0	3	85	4	66	9
宮崎県	169	11	0	5	1	0	1	0	0	0	1	65	12	68	5
鹿児島県	327	8	0	2	1	3	27	25	0	0	2	104	1	154	2
沖縄県	248	33	8	2	2	2	0	0	16	0	4	73	1	96	13
未定・不詳	1	0	0	0	0	0	0	0	0	0	0	0	0	0	1
合計	29,144	2,703	362	1,975	2,432	1,322	2,781	760	348	22	110	4,008	354	10,450	1,517

資料出所　法務省資料に基づき JITCO 作成

④ 分野別　年齢・男女別　特定技能1号外国人在留者の状況

　分野別で見ると、多くの特定産業分野では男性の方が女性より在留者数が多い中、介護分野や電気・電子情報関連産業分野、飲食料品製造業分野では女性の在留者数が男性を大きく引き離しており、分野ごとで男女の比率が大きく変わる傾向がみられる。

男女別で見ると、18～29歳の割合は男性では、9,261人（男性全体の63.1％）、女性では10,442人（女性全体の72.1％）となっており、在留資格「技能実習」での在留者数と類似の傾向が見られる。

　また、農業分野や飲食料品製造業分野では、40代でも在留者数は一定数見られ、女性の割合が高くなっている。

第4—33表　特定産業分野別　年齢・男女別 特定技能1号外国人在留者の状況（2021年6月末）

(単位：人)

	全体			18歳～29歳			30歳～39歳			40歳～49歳			50歳以上		
		男	女		男	女		男	女		男	女		男	女
介　護　分　野	2,703	778	1,925	2,022	585	1,437	634	182	452	44	10	34	3	1	2
ビルクリーニング分野	362	136	226	265	102	163	91	31	60	6	3	3	0	0	0
素形材産業分野	1,975	1,757	218	1,251	1,095	156	679	617	62	45	45	0	0	0	0
産業機械製造業分野	2,432	1,976	456	1,521	1,192	329	839	741	98	71	42	29	1	1	0
電気・電子情報関連産業分野	1,322	383	939	993	273	720	318	107	211	10	2	8	1	1	0
建　設　分　野	2,781	2,776	5	1,432	1,429	3	1,195	1,193	2	139	139	0	15	15	0
造船・舶用工業分野	760	760	0	254	254	0	435	435	0	70	70	0	1	1	0
自動車整備分野	348	347	1	265	264	1	80	80	0	3	3	0	0	0	0
航　空　分　野	22	18	4	14	11	3	8	7	1	0	0	0	0	0	0
宿　泊　分　野	110	53	57	96	46	50	13	7	6	1	0	1	0	0	0
農　業　分　野	4,008	1,925	2,083	2,314	1,122	1,192	1,484	720	764	205	83	122	5	0	5
漁　業　分　野	354	301	53	279	254	25	69	45	24	6	2	4	0	0	0
飲食料品製造業分野	10,450	2,583	7,867	7,746	1,928	5,818	2,424	634	1,790	278	21	257	2	0	2
外　食　業　分　野	1,517	874	643	1,251	706	545	249	161	88	16	6	10	1	1	0
合　　　　　計	29,144	14,667	14,477	19,703	9,261	10,442	8,518	4,960	3,558	894	426	468	29	20	9

資料出所　法務省資料に基づき JITCO 作成

⑤　国籍別　ルート別　特定技能1号外国人在留者の
　　状況
　　「特定技能」での在留資格を取得する外国人の入
　国ルートでは主に、試験を受けて直接「特定技能」
　から入国する「試験ルート」と技能実習2号以上を

修了し、「特定技能」に資格変更する「技能実習
ルート」がある。国籍別で見ると、技能実習でも在
留者が多い国では、「技能実習ルート」での受入れ
が多く、「試験ルート」での受入れの方が多いのは、
ネパールや台湾となっている。

第4—34表　国籍別　ルート別 特定技能1号外国人在留者の状況（2021年6月末）

（単位：人）

	合　計	試験ルート	技能実習ルート	検定ルート	介護福祉士養成施設修了ルート	EPA 介護福祉士候補者ルート
ベ ト ナ ム	18,191	3,002	15,177	11	0	1
インドネシア	2,338	433	1,843	0	0	62
中　　　　国	2,499	417	2,082	0	0	0
フ ィ リ ピ ン	2,621	328	2,218	4	0	71
ミャンマー	1,265	326	938	1	0	0
カ ン ボ ジ ア	636	49	587	0	0	0
タ　　　イ	697	34	663	0	0	0
ネ パ ー ル	329	297	32	0	0	0
ス リ ラ ン カ	83	32	50	1	0	0
台　　　湾	107	107	0	0	0	0
そ　の　他	378	293	84	1	0	0
合　　　計	29,144	5,318	23,674	18	0	134

資料出所　法務省資料に基づき JITCO 作成

⑥　特定産業分野別　ルート別　特定技能１号外国人在留者の状況

　　特定産業分野別に見ると、技能実習の対象職種の多くは「技能実習ルート」からの受入れが多い一方、介護分野では、「技能実習ルート」からの受入れはなく、「試験ルート」及び「EPA介護福祉士候補者ルート」からの受入れとなっている。建設、造船・舶用工業、自動車整備、航空分野では、日本人なども一般的に受験する技能検定３級などの試験からも「検定ルート」として受入れが可能であるが、2021年６月末現在では、建設分野での15名、自動車整備分野での３名に留まっている。

第４―35表　特定産業分野別　ルート別 特定技能１号外国人在留者の状況（2021年６月末）

（単位：人）

	合計	試験ルート	技能実習ルート	検定ルート	介護福祉士養成施設修了ルート	EPA介護福祉士候補者ルート
介護分野	2,703	2,569	0	—	0	134
ビルクリーニング分野	362	124	238	—	—	—
素形材産業分野	1,975	1	1,974	—	—	—
産業機械製造業分野	2,432	3	2,429	—	—	—
電気・電子情報関連産業分野	1,322	3	1,319	—	—	—
建設分野	2,781	26	2,740	15	—	—
造船・舶用工業分野	760	4	756	0	—	—
自動車整備分野	348	17	328	3	—	—
航空分野	22	22	0	0	—	—
宿泊分野	110	110	0	—	—	—
農業分野	4,008	153	3,855	—	—	—
漁業分野	354	2	352	—	—	—
飲食料品製造業分野	10,450	767	9,683	—	—	—
外食業分野	1,517	1,517	0	—	—	—
合計	29,144	5,318	23,674	18	—	134

資料出所　法務省資料に基づき JITCO 作成

⑦ 2020年度 特定産業分野別 評価試験の実施状況
　　特定産業分野別に見ると、受験者数・合格者数ともに外食業分野、介護分野が多くみられる。
　　また、日本国外の試験実施国の内訳をみると、介

護、自動車整備、農業、飲食料品製造業、外食業と多くの特定産業分野において、受験者数・合格者数ともにフィリピンが多くなっている。

第4−36表　2020年度 特定産業分野別　評価試験の実施の状況

(単位：人)

分野（試験区分）	受験者数	（うち国外受験者）	合格者数	（うち国外合格者）	日本国外の試験実施国の内訳（カッコ内は受験者数・合格者数）
介護分野（技能）	16,910	(4,922)	11,956	(3,767)	フィリピン（1,530・1,185）、カンボジア（233・134）、インドネシア（2,354・1,735）、ネパール（554・501）、モンゴル（146・124）、ミャンマー（33・31）、タイ（72・57）
介護分野（日本語）	15,569	(4,806)	13,126	(3,942)	フィリピン（1,427・1,082）、カンボジア（183・136）、インドネシア（2,428・2,010）、ネパール（546・525）、モンゴル（130・106）、ミャンマー（29・29）、タイ（63・54）
ビルクリーニング分野	497	未実施	369	未実施	
製造業3分野	276	未実施	37	未実施	
建設分野	188	未実施	124	未実施	
造船・舶用工業分野	12	未実施	12	未実施	
自動車整備分野	207	(7)	105	(4)	フィリピン（7・4）
航空分野（空港グランドハンドリング）	214	未実施	107	未実施	
航空分野（航空機整備）	非実施				
宿泊分野	3,137	未実施	1,320	未実施	
農業分野（耕種農業全般）	4,253	(3,257)	3,745	(2,928)	フィリピン（40・35）、インドネシア（2,611・2,422）、カンボジア（452・340）、ミャンマー（58・58）、タイ（70・48）、ネパール（26・25）
農業分野（畜産農業全般）	834	(509)	745	(461)	フィリピン（21・20）、インドネシア（383・350）、カンボジア（54・44）、ミャンマー（9・9）、タイ（17・14）、ネパール（25・24）
漁業分野	107	(67)	47	(28)	インドネシア（67・28）
飲食料品製造業分野	7,040	(589)	4,594	(342)	フィリピン（122・40）、インドネシア（467・302）
外食業分野	10,049	(1,066)	4,897	(627)	フィリピン（234・125）、カンボジア（133・37）、ミャンマー（92・83）、インドネシア（292・144）、タイ（48・35）、ネパール（267・203）
合　　　計	59,293	(15,223)	41,184	(12,099)	

資料出所　「令和2年度試験実施状況報告書」に基づき JITCO 作成

⑧　特定技能制度に関する二国間取決め締結状況

　特定技能制度においては、日本政府と送出し国政府との間で二国間取決めを締結し、悪質な仲介事業者の排除や情報共有の枠組の構築のために、主要国との間で二国間取決めを締結することとされているが、二国間取決めがない場合であっても、受入れに際しては日本および送出国の法律を遵守して特定技能外国人の受入れを実施することが可能となっている。

　2021年5月末現在、フィリピン、カンボジア、ネパール、ミャンマー、モンゴル、スリランカ、インドネシア、ベトナム、バングラデシュ、ウズベキスタン、パキスタン、タイ、インドの13ヶ国において二国間取決めが締結されている。

第4―37表　特定技能制度に関する二国間取決め締結状況
（2021年5月末現在）

	＜二国間取決め締結状況＞	
	締結日	発効日
フィリピン	2019年3月19日	2019年4月1日
カンボジア	2019年3月25日	2019年4月1日
ネパール	2019年3月25日	2019年4月1日
ミャンマー	2019年3月28日	2019年4月1日
モンゴル	2019年4月17日	2019年4月17日
スリランカ	2019年6月19日	2019年6月19日
インドネシア	2019年6月25日	2019年6月25日
ベトナム	2019年7月1日	2019年7月1日
バングラデシュ	2019年8月27日	2019年8月27日
ウズベキスタン	2019年12月17日	2019年12月17日
パキスタン	2019年12月23日	2019年12月23日
タイ	2020年2月4日	2020年2月4日
インド	2021年1月18日	2021年1月18日

資料出所　法務省公表データに基づき JITCO 作成

２０２１年度版

外国人技能実習・特定技能・研修事業実施状況報告
（JITCO 白書）

2021 年 12 月　発行

発行　公益財団法人 国際人材協力機構 教材センター
〒108－0023　東京都港区芝浦２－11－５
五十嵐ビルディング 11 階
TEL：03－4306－1110
FAX：03－4306－1116
ホームページ　https://www.jitco.or.jp/
教材オンラインショップ　https://onlineshop.jitco.or.jp